Régis Genté und Stéphane Siohan

Wolodymyr Selenskyj
Geburt eines Helden

Aus dem Französischen von
Aurelia Zanetti und Andrea Roux

edition gai saber

Titel der 2022 bei Robert Laffont, Paris, erschienenen Originalausgabe:
›Volodymyr Zelensky - Dans la tête d'un héros‹

1. Auflage, 2022
www.gaisaber.ch
Korrektorat: Andrea Linsmayer
Covermotiv: Paolo Pellegrin/Magnum Photos
ISBN: 978-3-907320-19-8

Anmerkungen der Übersetzerinnen und der edition gai saber zur deutschen Ausgabe

Die Landessprache der Ukraine ist Ukrainisch, doch ein Teil der Bevölkerung spricht russisch. Im grundsätzlich zweisprachigen Land verstehen und sprechen die meisten Menschen beide Sprachen und wechseln problemlos zwischen ihnen hin und her. Manchmal mischen sie sie sogar, vor allem in den ländlichen Gebieten.

Diese Mehrsprachigkeit bringt einige Probleme bei der Transliteration mit sich, also der Schreibung von Orts- und Eigennamen im lateinischen Alphabet. Sowohl das Ukrainische als auch das Russische verwenden das kyrillische Alphabet, allerdings mit einigen Nuancen, die die Bezeichnungen variieren lassen.

Die deutsche Übersetzung schließt sich den grundsätzlichen Überlegungen der französischsprachigen Autoren an, die der Schreibweise der ukrainischen Standesämter und der offiziellen Landkarten folgten. Für deren Transliteration in die deutsche Sprache richtet sich das vorliegende Buch nach den Usanzen wichtiger deutscher Medien.

Eine Ausnahme bildet die Hauptstadt: Das französische Buch folgt hier, wie die meisten angelsächsischen Medien, dem ukrainischen Wunsch und schreibt »Kyiv«, nicht »Kiew«, was als russische Version des Namens gilt. Im deutschsprachigen Raum hat noch keine derartige Umstellung eingesetzt, das Schriftbild »Kiew« ist in den Medien und den Verlagen derzeit fest verankert. Deshalb – und nur deshalb – wird im Folgenden der einfacheren Lesbarkeit halber »Kiew« geschrieben. Bei anderen Städten folgen auch deutschsprachige Medien den neuen ukrainischen Schreibweisen, deshalb schreibt dieses Buch »Charkiw« und nicht »Charkow«, »Lwiw« und nicht »Lwow«, »Luhansk« und nicht »Lugansk«. Für die sagenumwobene Hafenstadt Odessa verwendeten die Autoren das klangvollere »Odessa« (statt des neuen »Odesa«) – die Übersetzung behält diese Autorenpräferenz bei.

Bei Vor- und Nachnamen benutzten die Autoren generell jene ukrainische Form von Vor- und Nachnamen, die die Ukrainer auch schriftlich verwenden. Einige bekannte Ukrainer behielten im öffentlichen Leben die russische Variante ihrer Identität bei – solche Entscheidungen respektieren die Autoren aus pragmatischen Gründen. Zudem kommt ein weiterer Faktor ins Spiel, die sozialen Netzwerke: Viele Ukrainer und Ukrainerinnen – Politiker, Künstlerinnen, einfache Bürger – geben auf ihren Homepages selbst vor, wie ihre Namen in lateinischen Buchstaben zu schreiben sind; dabei folgen sie oft den Regeln der englischen Transliteration. Die Übersetzung übernimmt die von den Autoren eruierten Schreibweisen und passt sie den Transliterationsgepflogenheiten wichtiger deutscher Medien an.

Redaktionsschluss der französischsprachigen Originalausgabe war am 20. April 2022. Darin schlossen die Autoren ihre einleitenden Erläuterungen mit einem Hinweis, der natürlich auch für die deutsche Übersetzung gilt: »Bei der Transliteration slawischer Sprachen ist Perfektion ein schwer zu erreichendes Ideal. Das Buch setzt auf die Logik sowie auf den Respekt vor den Individuen und vor der ukrainischen Kultur.«

1

Die Rolle, die er nie gespielt hatte

»Ich brauche Munition, keine Mitfahrgelegenheit«

Die Ukrainer treten nach einer Nacht kollektiver Schlaflosigkeit in den Krieg ein. Am Abend des 23. Februar 2022 finden viele von ihnen keinen Schlaf. Fassungslos haben sie zwei Tage zuvor gehört, wie der russische Präsident Wladimir Putin – nach einem langen, von historischem und geopolitischem Revisionismus geprägten Monolog – eine unerhört aggressive Anklageschrift gegen ihre Nation verlas. Eine Rede mit einem einzigen Zweck: den Konflikt zu rechtfertigen, den er sich mit jeder Faser seines Körpers wünscht. In jener Nacht starrt jeder auf den Fernseher, sein Smartphone oder irgendeinen anderen Bildschirm. Hier sieht man seit Monaten, wie das enorme Aufgebot russischer Streitkräfte an den südlichen, östlichen und nördlichen Grenzen des Landes zunimmt.

Seit Oktober 2021 geben die US-Geheimdienste unaufhörlich Informationen über eine bevorstehende russische Invasion in der Ukraine an die Medien weiter. Je mehr der Winter voranschreitet, desto präziser werden die Prognosen: Ende Februar wird es zum Krieg kommen. Ein totaler Krieg, in einem bisher unbekannten Ausmaß. Laut CNN hat Joe Biden einige Wochen zuvor sogar gesagt, dass die Hauptstadt Kiew bombardiert werden würde. Angesichts eines solchen Katastrophenszenarios wächst die Besorgnis. Doch viele Ukrainer und selbst Experten für Osteuropa bleiben skeptisch. Unvorstellbar, dass Wladimir Putin sich zum Unwiderruflichen entschließen könnte.

In der Nacht steigt die Spannung. Die Nachrichtendienste und die sozialen Netzwerke überhitzen sich gegen zwei Uhr früh, als sich Präsident Wolodymyr Selenskyj, in Anzug, weißem Hemd und schwarzer Krawatte, direkt und in ihrer Sprache an die russischen Bürger wendet: »Hört auf die Stimme der Vernunft. Das ukrainische Volk will Frieden.« Er bekräftigt, dass er Wladimir Putin direkt anzurufen versucht hatte: »Das Resultat war Schweigen.« Feierlich ruft er die Verbindungen zwischen den beiden Ländern in Erinnerung: »Wir brauchen keinen Krieg. Wir werden nicht angreifen, doch wir werden uns verteidigen. Und ihr werdet unsere Gesichter sehen. Nicht unsere Rücken, sondern unsere Gesichter.«

Etwas später wird eine nächtliche Rede des Kremlherrn angekündigt. In einer irrwitzigen Ansprache erklärt er, dass er eine »militärische Spezialoperation« zur »Entnazifizierung der Ukraine« einleiten werde. Jeder versteht die Tragweite seiner Worte innerhalb von Sekunden: Es ist eine Kriegserklärung. Nur Stunden nach dieser Ansprache schlagen

Raketen in Kramatorsk, Kiew und Charkiw ein ... Die Welt gerät in Panik. Es ist fast sechs Uhr früh an diesem traurigen 24. Februar, als Russlands Krieg in der Ukraine beginnt.

Wenig später überqueren russische Panzerkolonnen die Grenze, und taktische Einheiten werden in Stellung gebracht. In allen Landesteilen werden Flughäfen und strategische Militäreinrichtungen mit Mittelstreckenraketen aus Belarus oder dem Schwarzen Meer beschossen. Am frühen Morgen nimmt Wolodymyr Selenskyj sein Handy im Selfie-Modus in die Hand, so wie er es drei Jahre zuvor getan hatte, zu Beginn seines unglaublichen Wahlkampfs. Diesmal wendet er sich ohne Krawatte, mit offenem Hemdkragen und unverhüllter Wut direkt an seine Mitbürger: »Putin hat der Ukraine und der gesamten demokratischen Welt den Krieg erklärt. Er will meinen Staat, unseren Staat zerstören – alles, was wir aufgebaut haben, alles, wofür wir leben. Ich wende mich an alle Ukrainer und Ukrainerinnen, und insbesondere an die Soldaten: Ihr seid mutig, zäh, ihr seid Ukrainer.« Er mausert sich: Angetreten als Präsident, der den Frieden zu bringen versprach, wandelt sich Wolodymyr Selenskyj zum Anführer eines Landes im Kriegszustand.

Der 44-Jährige hat bereits mehrere Leben gelebt. Wie es Künstlern, Kreativen und Multitalenten so eigen ist. Er war Komiker, Schauspieler, Drehbuchautor, Filmproduzent und Unternehmer. Berühmt wurde er, weil er gleich zweimal ins Gewand des ukrainischen Präsidenten schlüpfte: Das erste Mal 2015 in einer satirischen Fernsehserie namens *Sluha Narodu* (*Diener des Volkes*), das zweite Mal 2019 im wirklichen Leben, nach einer Wahl, die weltweit ihresgleichen sucht. Ein derart surreales und postmodernes Szenario, dass man nicht mehr weiß, was Fiktion und was Realität ist. Im Fernsehen hatte Selenskyj seine ganze Fantasie eingesetzt, um sich in der Rolle des unglaublichen Wassyl Holoborodko vorzustellen, was einem ukrainischen Präsidenten so alles passieren könnte. Nur eine Rolle hatte gefehlt: die des Kriegsherrn.

Anderswo in Europa verschwindet die Erinnerung an den Zweiten Weltkrieg mit dem Ableben seiner letzten Zeitzeugen. In der Ukraine aber, wo sich einige der blutigsten Dramen des 20. Jahrhunderts abspielten, bricht im Jahr 2022 ein neuer großer Krieg aus: der potenziell größte konventionelle Konflikt zwischen zwei Staaten, zwei Armeen, auf europäischem Boden seit 1945. Am Abend des 24. Februar beklagte die Ukraine bereits 137 Tote und 316 Verletzte – eine erste, sehr vorläufige Bilanz. Wolodymyr Selenskyj hält eine weitere offizielle Ansprache, die den Ton seiner künftigen Kommunikation vorgibt: einfach, direkt, kompromisslos – und vor allem ohne Beißhemmungen bezüglich empfindlicher Stellen des westlichen Gewissens. »Heute habe ich die 27 europäischen Staats- und Regierungschefs gefragt, ob die Ukraine der NATO beitreten kann: Alle haben Angst, keiner antwortet mir«, packt er unverfroren aus. »Wir aber haben keine Angst. Wir haben vor nichts Angst. Wir haben keine Angst, unser Land zu verteidigen. Wir haben keine Angst vor Russland.« Kurz vorher hatte der Präsident die europäischen Staats- und Regierungschefs mitten ins Herz getroffen, als er sie mit der brutalen, ungeschminkten Realität konfrontierte: »Dies ist vielleicht das letzte Mal, dass Sie mich lebend sehen.«

Zu diesem Zeitpunkt weiß er, dass die russische Armee Spezialkräfte auf dem Militärflughafen Hostomel im Nordwesten der Hauptstadt absetzt, darunter die gefürchteten Fallschirmjägerkommandos der 76. Luftlandedivision der Pskow-Garde. Wenn der Feind dieses Ziel einnimmt, kann er Großraumflugzeuge heranschaffen und seine Stoßtruppen innerhalb weniger Stunden ins Zentrum von Kiew schleusen. »Ich bleibe in der Hauptstadt«, entscheidet Selenskyj. »Auch meine Familie ist in der Ukraine. Auch meine Kinder. Meine Familienmitglieder sind keine Verräter, sondern Bürger der Ukraine. Unseren Informationen zufolge hat der Feind mich zum Ziel Nr. 1 und meine Familie zum Ziel Nr. 2 gemacht. Er will die Ukraine politisch schwächen, indem er das Staatsoberhaupt beseitigt.«

Die Bedrohung ist real. Seit den ersten Kriegsstunden befindet sich die Hauptstadt in höchster Alarmbereitschaft. Zusätzlich zu den Bombenangriffen steuern russische Panzereinheiten von Norden her auf die riesige Metropole zu; auf die gegnerische Armee treffen sie in Irpin, Hostomel, Butscha ... Sehr schnell kommt es zum Exodus: Die Hälfte der rund vier Millionen Einwohner Kiews, vor allem Frauen und Kinder, flüchten über Straße und Schiene. Das Kriegsrecht wird verhängt, und der Bürgermeister, der ehemalige Boxweltmeister Vitali Klitschko, verfügt eine radikale Ausgangssperre. Die Behörden sind überzeugt, dass Kiew bereits von subversiven Gruppen der russischen Spezialeinheiten durchsetzt ist, die Sabotage- und Aufklärungsaktivitäten durchführen sollen.

Zwei Tage lang ist es den Zivilisten verboten, das Haus zu verlassen: Die Teroborona (Territorialverteidigung) und die Polizei sind angewiesen, ohne Vorwarnung auf jegliche verdächtigen Passanten zu schießen. In den Stadtteilen Obolon und Podil werden kleine russische Militärgruppen in Zivilfahrzeugen liquidiert. Laut dem Nationalen Sicherheits- und Verteidigungsrat sind sie unterwegs, um Ziele für die Artillerie zu markieren, aber auch, um die ukrainische Führung zu eliminieren. Die stellvertretende Ministerpräsidentin Iryna Wereschtschuk erfährt telefonisch vom britischen Botschafter, dass sie auf einer »Abschussliste« stehe.

Später enthüllt Olexij Danilow, der Leiter des Nationalen Sicherheits- und Verteidigungsrats der Ukraine, dass auf Wolodymyr Selenskyj mindestens drei Mordanschläge verübt wurden, der bedrohlichste davon durch eine Spezialeinheit der tschetschenischen Nationalgarde, die Kadyrowzki. Diese sind Handlanger von Ramsan Kadyrow, dem brutalen Führer der tschetschenischen Republik und Günstling Wladimir Putins. Danilow erklärt, dass der ukrainische Sicherheitsapparat dank Lecks im FSB, dem Inlandsgeheimdienst der Russischen Föderation, von der Sonderoperation samt ihren Details erfahren habe; dies wurde den Autoren auch von einer amerikanischen Quelle bestätigt.

Die Drohungen sind ausreichend belegt, und die USA bieten Selenskyj eine Evakuierung an. »Ich brauche Munition, keine Mitfahrgelegenheit«, gibt der Präsident den Gesandten Joe Bidens trocken zurück – eine Replik, die in die Geschichte eingehen wird. Stunden vergehen, und Wolodymyr Selenskyj wird wagemutiger. Auf die düsteren Pläne und auf *Fake News* des Kremls antwortet er umgehend mit seiner Lieblingswaffe: mit Botschaften auf Instagram und anderen sozialen Netzwerken, für die Ukrainer und Internetnutzer aus aller Welt, die das Phänomen ebenfalls entdecken.

Am 25. Februar wiederholen die russischen Medien gebetsmühlenartig, dass die ukrainische Führung aus dem Land geflohen sei. Mit der Unterstellung: wie Feiglinge. Eine Newsbombe, die die Bevölkerung entmutigen und sie zur Aufgabe ihres Widerstands verleiten soll. Da hatte man allerdings das Temperament dieses Volkes und das seines besonderen Präsidenten verkannt. Als es dunkel wird, verlässt

Wolodymyr Selenskyj den Präsidentenpalast und tritt in Begleitung seiner engsten Mitarbeiter, alle in Khaki gekleidet, auf die Bankowa-Straße. Im fahlgelben Licht der Straßenlaternen dreht er sein Smartphone zur Fünferbande, als führe er eine Rockband oder eine Partisaneneinheit an: »Guten Abend allerseits! Der Fraktionsvorsitzende des Parlaments [Dawyd Arachamija] ist da, der Leiter des Präsidialamts [Andrij Jermak] ist da, der Ministerpräsident [Denys Schmyhal] ist da, Mykhailo Podoliak [diplomatischer Berater] ist da, und der Präsident ist da. Wir sind alle da. Unser Militär ist da. Unsere Bürger sind da. Wir sind alle da, um unsere Unabhängigkeit, unseren Staat zu verteidigen, und das wird auch so bleiben. Es leben unsere Verteidiger! Es lebe die Ukraine!«

Dieses simple Video wird ein Volltreffer, der weit über einen PR-Coup hinausgeht. 1940 hörten die Franzosen General de Gaulle auf Radio London zu, 2022 schauen auf Instagram 15 Millionen Menschen Selenskyj in die Augen – andere Plattformen nicht mitgezählt. Sein Auftritt elektrisiert das gesamte Land, es begreift augenblicklich: Der Präsident und seine Leute, eine verschworene Bande, wird es nicht fallenlassen. Selbst jene, die ihn vor dem Krieg scharf kritisierten, stellen sich nach dieser Tapferkeitsbezeugung hinter ihn. Dabei hatten viele Ukrainer vor dem Ausbruch des Konflikts befürchtet, dass seine

Tendenz, die Invasionsgefahr herunterzuspielen, eine gewisse Schwäche und die Möglichkeit einer Kapitulation erkennen lasse.

In der öffentlichen Meinung hat Wolodymyr Selenskyj das Blatt nun gewendet. Im Dezember 2021 lagen seine Beliebtheitswerte noch bei 38 Prozent. Zwei Tage nach dem legendären Video unter den Straßenlaternen erklären 91 Prozent der Ukrainer, dass sie das Vorgehen ihres Präsidenten unterstützen! Die Ukrainer, die ihren Mut schon vor Selenskyj bewiesen haben, engagieren sich noch massiver im Widerstand gegen die Besatzer. Laut der gleichen Umfrage des »Rating«-Instituts sind 85 Prozent der befragten Bürger überzeugt, dass ihr Land den Krieg gegen Russland gewinnen kann. Ihr Kampfgeist stand bereits früher fest. Zur Überraschung aller kommt nun der physische und moralische Mut von »Kapitän Ukraine« dazu, wie manche Wolodymyr Selenskyj nennen: Vor den Augen der Welt offenbart sich ein wahrer politischer Leader.

Bollwerk der Demokratien

Am 4. April 2022 hat Wolodymyr Selenskyjs Gesicht seine jugendliche Ausstrahlung verloren, dieses frische Gesicht, das sonst in den Augen, den Mundwinkeln, im oftmals clownesken Spiel der Augenbrauen eine grundsätzlich glückliche, unbeschwerte Persönlichkeit verriet. In Butscha, einer kleinen Stadt am nordwestlichen Rand von Kiew, ist der

Präsident an diesem Tag um zwanzig Jahre gealtert. Seine Gesichtszüge sind angespannt, konzentrieren sich auf die Gräuel, von denen die Stadt überall zeugt: die Leichen, die auf den Straßen liegen, die sich häufenden Berichte über systematische Massenvergewaltigungen, die aufgerissenen Häuser, die Panzerwracks. Das Gesicht ist ein wenig verquollen, Falten erscheinen oberhalb der Nase, die Augenringe sind unübersehbar, in seinem 14-Tage-Bart tauchen einige weiße Haare auf.

Es ist das erste Mal seit Beginn des Krieges, dass der Präsident das Stadtzentrum verlässt. Nach einem Monat erbitterter Kämpfe haben die ukrainischen Soldaten und die Territorialverteidigung den russischen Truppen massive Verluste zugefügt und den Kreml gezwungen, sein ursprüngliches Ziel aufzugeben: die Eroberung von Kiew und die physische Eliminierung der Landesführung. Die russischen und tschetschenischen Truppen haben sich aus Butscha zurückgezogen und ein Trümmerfeld hinterlassen. Hier macht sich Wolodymyr Selenskyj in kugelsicherer Weste selbst ein Bild von der Art des Krieges, den Russland gegen sein Land und sein Volk führt. »Das sind Kriegsverbrechen, und die Welt wird dies als Völkermord einstufen«, verkündet er einigen Dutzend Journalisten vor einer apokalyptischen Kulisse.

Die Straßen und Hinterhöfe von Butscha sind mit Leichen von Zivilisten übersät. Andere Leichen wurden in aller Eile in Gärten oder entlang der Straßen begraben. In der Nähe der St.-Andreas-Kirche wurde ein

Massengrab mit mehreren Dutzend Leichen entdeckt. Butscha stinkt nach Tod. Ermittler schätzen, dass mehr als 400 Menschen hingerichtet wurden, die meisten von ihnen durch einen Schuss in den Hinterkopf. Viele der Leichen fand man mit hinter dem Rücken gefesselten Händen. Die systematische Vorgehensweise, die auch an anderen Orten beobachtet wurde, lässt nach internationalem Recht auf Verbrechen gegen die Menschlichkeit schließen. Schlimmer noch: Die ersten Hinweise von Ermittlern und Journalisten deuten darauf hin, dass es sich bei dem Massaker um einen vorsätzlichen Versuch handeln könnte, eine bestimmte Bevölkerungsgruppe zu vernichten.

Dic Ermittler des Internationalen Strafgerichtshofs (IStGH) reisen an. Durch die Verwendung des Begriffs »Genozid« will Wolodymyr Sclcnskyj die internationale Öffentlichkeit mobilisieren und ihr die Grausamkeit und das Ausmaß der begangenen Verbrechen vor Augen führen. Zugleich will er auf die tiefere Bedeutung der Vorgänge in der Ukraine hinweisen. Denn aus dem Kreml kommen besorgniserregende Botschaften. Die Politik der »Entnazifizierung«, die Wladimir Putin als Kriegsvorwand angeordnet hat, wird von seinen Truppen als Aufruf zum Mord an jedem verstanden, der seine Verbundenheit mit der unabhängigen Ukraine zeigt oder Verbindungen zur patriotischen Bewegung hat. Während sich die russischen Truppen aus Butscha zurückziehen, schreibt ein Kreml-Ideologe: »Die Annahme, das Volk sei gut und die Regierung schlecht, funktioniert nicht. Die Anerkennung dieser Tatsache ist Grundlage der Entnazifizierungspolitik.«[1] Die Worte jagen einem einen kalten Schauer über den Rücken. Die Absicht zum Völkermord ist nicht ohne Weiteres auszuschließen.

Überall in den befreiten Regionen im Norden entdeckt man weitere Stätten wie Butscha, ganz zu schweigen von den zahllosen Städten und Dörfern, die schlicht und einfach unter den Bomben zermalmt wurden, so etwa das 60 Kilometer von Kiew entfernte Borodianka. Am 1. März 2022 erklärt Wolodymyr Selenskyj in einem Interview mit dem amerikanischen Sender CNN und mit Reuters: »Der Krieg in der Ukraine ist grundsätzlich ein Krieg um Werte: um das Leben, die Demokratie, die Freiheit. Es ist also ein Krieg gegen die ganze Welt.« Unermüdlich wiederholt der Präsident diese Botschaft, in seinen zahlreichen Videokonferenzen mit internationalen Medien, vor ausländischen Staatsoberhäuptern oder westlichen Parlamenten, die ihn auf Großleinwand mit Applaus begrüßen. Einige NATO-Mitgliedstaaten wie etwa Polen oder die baltischen Staaten erkennen, dass die russischen Waffen sie selbst treffen und den Konflikt in eine weitere Dimension führen könnten.

Am 23. März spricht Wolodymyr Selenskyj vor der französischen Nationalversammlung und dem Senat von einem Kampf für »unsere

1 Timofeij Sergejzew, *Was Russland mit der Ukraine tun sollte*, RIA Novosti, 3. April 2022.

gemeinsame Freiheit! Für Paris und Kiew, für Berlin und Warschau, für Madrid und Rom, für Brüssel und Bratislava«. Er ruft die französischen Abgeordneten dazu auf, sein Land zu bewaffnen und Sanktionen gegen Russland zu erlassen. Er spielt darauf an, dass in diesen unruhigen Zeiten autoritäre und diktatorische Regimes auf der ganzen Welt die Schwächen und die schwerwiegenden historischen Fehler der westlichen Demokratien auszunutzen versuchen, um ihr Regierungsmodell durchzusetzen. Diese Alarmglocke ertönt mitten in der französischen Wahlkampagne, wo eine in der zweiten Runde stehende Kandidatin vom Kreml unterstützt wird.

Die Freiheit, die Wolodymyr Selenskyj immer wieder zur Sprache bringt, ist vor allem die Freiheit seines Volkes, einer politischen Nation, die 1991 ihre Unabhängigkeit wiedererlangt hat. Die Nation vereinigt ukrainisch- und russischsprachige Bürger – deren große Mehrheit aber zweisprachig ist – wie auch verschiedene ethnische Gruppen und unterschiedliche Glaubensrichtungen. Kurzum vereinigt sie Menschen, die in einer alle einschließenden Nation leben wollen. Der Freiheitsdrang und die nationale Solidarität der Ukrainer gehen auf die Geschichte der Kosaken zurück, auf jene autonomen Gemeinschaften von Bauern und Kriegern, die auf dem Gebiet der heutigen Ukraine lebten und ein eigenständiges politisches Organisationssystem entwickelten. »Die Kosaken spielen in der ukrainischen Nationalgeschichte aufgrund ihrer Freiheitskämpfe gegen die Polen und die Russen eine legendäre Rolle«,[2] erklärt die Politologin Alexandra Goujon.

Dreißig Jahre nach dem Zusammenbruch der UdSSR sehen die Ukrainer den aktuellen Kampf als Unabhängigkeitskrieg oder sogar als Krieg zur Entkolonialisierung, da die ehemalige Schutzmacht nicht akzeptieren will, dass vor ihrer Haustüre ein Nationalstaat entsteht. Die gleiche Weigerung, ehemalige Teile des Imperiums davonziehen zu lassen, liegt auch den Spannungen – von unterschiedlicher Art und Intensität – zwischen Moskau und Georgien, Belarus, Armenien oder Moldawien zugrunde. Mit der Ukraine erlebt Europa heute das Erstarken des letzten großen Nationalstaats des Kontinents, der versucht, sich gegenüber seinem Nachbarn zu behaupten und sein Fortbestehen zu sichern.

Die Gründe des russischen Zorns auf die unabhängige Ukraine sind vor allem in der innenpolitischen Dynamik zu suchen. Wenn internationale Ukraine-Kommentatoren den russisch-ukrainischen Konflikt analysieren, überschätzen sie allzu oft die globale geopolitische Dimension und insbesondere die Frage eines NATO-Beitritts der Ukraine. Dabei vernachlässigen sie Vorstellungen, Träume und die historischen Dimensionen. Natürlich ist allein schon die Idee eines NATO-Beitritts von Kiew oder Tiflis wichtig. Aber man darf nicht

2 Alexandra Goujon, *L'Ukraine. De l'indépendance à la guerre*, Paris, Cavalier bleu, 2021, S. 31.

vergessen, dass Georgien 2008 von Russland aus ähnlichen Gründen angegriffen wurde wie die Ukraine in den Jahren 2014 und 2022. In Georgien wurden die Separatistenkonflikte von Moskau unterstützt oder sogar ausgelöst, lange bevor Tiflis überhaupt daran dachte, der NATO beizutreten. Die russische Aggression war genau der Grund, warum sich Georgien an die Atlantische Allianz wandte.

Ein ähnlicher Mechanismus ist in der Ukraine am Werk: Vor 2014 wünschte nur eine Minderheit eine NATO-Mitgliedschaft. Die Annexion der Krim, der im Donbass angezettelte Krieg, der in acht Jahren 14 000 Menschenleben forderte, und die aggressive Politik Russlands führten dann dazu, dass allmählich die Unterstützung für einen NATO-Beitritt zunahm, die als Garant der nationalen Sicherheit gesehen wird. Diese Idee ist für Wladimir Putin zutiefst inakzeptabel. Denn eine Annäherung an die NATO oder gar eine Mitgliedschaft in der Allianz würde auch die Annahme einer westlichen Regierungsform bedeuten. Und sobald eine solche Regierungsform sich in einem Gebiet etablieren würde, das der Kreml als Teil der »russischen Welt« sieht, könnte sie die Föderation selbst und ihr grundlegend autokratisches Modell infizieren.

Der Krieg Russlands in der Ukraine begann also nicht am 24. Februar 2022 um sechs Uhr morgens, sondern viel früher. Er steht nicht nur im Zusammenhang mit den relativ neuen Bestrebungen der Ukraine, der NATO beizutreten. Man könnte ihn auf den Affront zurückführen, den die Maidan-Revolution vom Februar 2014 für die russischen Machthaber darstellte: Die Volksbewegung mündete im Rücktritt des pro-russischen Präsidenten Viktor Janukowitsch, nachdem dieser im November 2013 auf die Unterzeichnung eines Assoziierungsabkommens zwischen der Ukraine und der Europäischen Union verzichtet hatte. Der Kreml profitierte dann von der postrevolutionären Übergangszeit, um die Ukraine durch die Krim-Annexion und das Auslösen eines »separatistischen« Konflikts in der östlichen Bergbau- und Stahlindustrieregion Donbass zu bestrafen.

Tatsächlich aber hat der Krieg von 2022 seine Wurzeln tief in der Geschichte der beiden Nationen und reicht mehr als drei Jahrhunderte zurück. Zweimal schon, im frühen 18. und im 20. Jahrhundert, setzte das Russische Reich beziehungsweise später die UdSSR auf Krieg oder Gewaltanwendung, um die Ukraine daran zu hindern, ein unabhängiger Staat zu werden. In den 1930er-Jahren geschah dies unter Stalin durch die physische Vernichtung der ukrainischen Bauernschaft und der politischen und intellektuellen Eliten. Der Krieg von 2022 ist daher nur die Fortsetzung einer langen Geschichte zwischen Unterdrückungswillen auf der einen und Freiheitsdrang auf der anderen Seite. Seit zwei Jahrhunderten bemühen sich die russischen Führer und Ideologen, eine Sicht auf die Ukraine als »Kleinrussland« – ein

Begriff, den Wladimir Putin 2021 aufgriff – und auf die Ukrainer und Russen als »Brudervölker« durchzusetzen.

Genau das ist es jedoch, was die Mehrheit der Ukrainer entschieden ablehnt und was nun auch Wolodymyr Selenskyj zurückweist. Dies, obwohl seine soziale und geografische Herkunft wie auch sein beruflicher Werdegang ihn zu einem Anhänger der »russischen Welt« hätten machen können. Doch die russische Aggression von 2014 und erst recht der Krieg seit dem Februar 2022 verunmöglichen in den Augen seiner Landsleute jegliche Integration in diese »russische Welt«. Der Widerstand gegen die von Moskau geführte »militärische Spezialoperation« wird als existenzieller Kampf um die Unabhängigkeit und das Überleben der Nation gesehen.

Der Graben zwischen den beiden Ländern vertieft sich unaufhaltsam. Wenn die Ukraine diesen Krieg überlebt, dann bedeutet die von Wladimir Putin befohlene »Entnazifizierungs-Operation«, dass etwaige künftige Kreml-Ambitionen auf das Gebiet begraben werden müssen. Das Massaker von Butscha markiert einen endgültigen Bruch, solange in Moskau kein neues Regime an der Macht ist. Die beiden Länder gehören nun zwei Welten an, die sich diametral entgegenstehen. Auf der einen Seite steht Wladimir Putin, der die ukrainische Führung als »eine Bande von Drogensüchtigen und Neonazis« bezeichnet, auf der anderen Seite ein ukrainischer Präsident und ukrainische Führungskräfte, die ihre russischen Amtskollegen nie öffentlich beleidigen – trotz des Kriegs, trotz der ihnen entgegengebrachten Verachtung, trotz der Übergriffe des Militärs. Denn wie Wolodymyr Selenskyj im April 2022 erklärt: »Wenn dir bewusst wird, dass du Mitglied einer zivilisierten Gesellschaft sein willst, dann musst du Ruhe bewahren, denn das Gesetz bestimmt über alles.«

Ein seltsames politisches Wesen

Der Krieg Russlands in der Ukraine ist nicht nur ein intensiver militärischer Konflikt, sondern auch ein Krieg der Worte und der Kommunikation sowie eine radikale Konfrontation zwischen zwei Männern, deren Stil sich auf der ganzen Linie widerspricht. Der bald 70-jährige Wladimir Putin, der seit über zwei Jahrzehnten an der Macht ist, entspricht dem Urtyp eines russischen Führers: autoritär, brutal, von der Verwaltungskultur des KGB und späteren FSB geformt, in seinem Elfenbeinturm eingeschlossen, ohne jegliche Toleranz für Opposition oder Protest. Der 44-jährige Wolodymyr Selenskyj wird 2019 zum ukrainischen Präsidenten gewählt, ohne irgendwelche Erfahrung mit politischer Verantwortung aufzuweisen. Er gehört zu einer neuen Generation liberaler Politiker wie etwa Justin Trudeau oder Emmanuel Macron, zu denen er eine gewisse Nähe nicht leugnet – man denke an die gekonnten Inszenierungen oder an eine gewisse Ästhetik der Macht.

Bereits zu Anfang des Kriegs war der Kontrast frappierend. Die Weltöffentlichkeit erschauderte vor den Bildern, die Wladimir Putin beim Empfang ausländischer Staatsoberhäupter oder seiner eigenen Minister in denkbar pompösen Kreml-Räumlichkeiten zeigen. Die Gäste des Zaren werden an endlosen Tischen auf Abstand gehalten. Dies sowohl, um Putin von Mikroben und Viren wie dem Covid-19-Virus fernzuhalten, als auch, um die Macht des Autokraten und seinen Einfluss auf die Gesprächspartner zu inszenieren. Im Mitschnitt einer dramatischen Sitzung des russischen Nationalen Sicherheits- und Verteidigungsrats, an der die »separatistischen« Republiken Donezk und Luhansk anerkannt werden sollen, ist zu sehen und zu hören, wie Putin eigene Minister und engste Berater übel beschimpft. Einige von ihnen scheinen angesichts der militärischen Konsequenzen dieser Sitzung wie gelähmt.

Wolodymyr Selenskyj steht in völligem Widerspruch zum ehemaligen Oberstleutnant des KGB, wenn es darum geht, sich politisch in Szene zu setzen. In Friedenszeiten trägt er einen gutsitzenden Anzug, in Kriegszeiten ein khakifarbenes T-Shirt oder Hemd, und er setzt auf Einfachheit, Freundlichkeit und Nähe. Gegenüber seinen Mitbürgern verfolgt er eine Politik der Transparenz, indem er auf sozialen Netzwerken täglich Videobotschaften postet. Manchmal dreht er sie selbst und schafft so beim Publikum ein Gefühl der Nähe und Vertrautheit.

Wolodymyr Selenskyj ziert sich nie für ein kleines Selfie – sei es mit Mitarbeitenden, mit einer prominenten Persönlichkeit oder mit einfachen Leuten, die er auf der Straße trifft. Bei der ersten internationalen Pressekonferenz des Krieges bringt er seinen Stuhl gleich selbst mit und platziert sich auf Höhe der Journalisten. Ein anderes Mal spricht er ins Mikrofon eines deutschen Fernsehsenders, während er im Erdgeschoss des Präsidialamts auf einer Treppe zwischen Sandsäcken sitzt, die als Schutz vor etwaigem Beschuss aufgestapelt wurden. Im Allgemeinen ist der Mann eher freundlich, außer wenn man Fragen stellt, die ihm nicht passen, oder wenn ein Journalist ihn kritisiert. Doch er hat gelernt, seine Aggressionen zu kontrollieren. Er hat eine natürliche Begabung zum Aufbau von Beziehungen, erinnert sich an Gesichter, die er gesehen hat, schüttelt Hände und hat oft ein freundliches Wort parat. Zu Beginn seiner Regierungszeit war er im Umgang mit internationalen Amtskollegen etwas unbeholfen, hat aber bald gelernt, sich ihren Persönlichkeiten anzupassen.

Mehreren Quellen zufolge besteht Präsident Selenskyjs Kriegs-Tagesablauf zu einem großen Teil aus Kommunikationsarbeit. Er hat das Krisenmanagement an seine treuen Berater delegiert und verbringt viel Zeit am Telefon, auf Zoom und Skype. Fast jeden Tag spricht er mit Staatsoberhäuptern, Premierministern, Parlamenten und internationalen Organisationen. Er unterrichtet sie über jüngste

Entwicklungen im Konflikt, setzt sich für die Interessen der Ukraine ein und kommt immer wieder auf sein wichtigstes Thema zu sprechen: Waffenlieferungen und verschärfte Sanktionen gegen Russland. Jeder Vortrag ist perfekt ausgefeilt, mit maßgeschneiderten Querverweisen: Bei den Briten erwähnt er Churchill und Tolkien; bei den Franzosen ruft er Verdun in Erinnerung; vor dem US-Kongress lässt er die Saiten von Pearl Harbour und dem 11. September 2001 anklingen.

Selenskyj liebt es, Gespräche mit filmischen Anspielungen zu spicken. »Wenn gewisse Spitzenpolitiker mich fragen, welche Waffen ich benötige, antworte ich, dass ich mich erst beruhigen muss. Denn genau das hatte ich ihnen schon eine Woche zuvor erklärt. Es ist wie im Film *Und täglich grüßt das Murmeltier*, ich fühle mich wie Bill Murray«, witzelt Selenskyj Ende April, als er die Journalistin und auf die Ostblockstaaten spezialisierte Historikerin Anne Applebaum trifft. Der Held dieses Films ist in einer Zeitschleife gefangen und muss immer wieder denselben Tag durchleben. Von Natur aus gutgelaunt und dank Humor gelingt es Selenskyj, persönliche Beziehungen zu knüpfen und sogar Freundschaften zu schließen, etwa mit Charles Michel, dem Präsidenten des Europäischen Rates.

Am 10. April trifft unerwartet der britische Premierminister Boris Johnson in Kiew ein und kündigt politische Unterstützung sowie neue Waffenlieferungen an. Als die schlimmsten Kämpfe vorbei sind, zögert Selenskyj nicht, ihn über den Maidan zu führen und mit den Einwohnern von Kiew zusammenzubringen. Wolodymyr Selenskyj brilliert mit folgendem Stil: informelle, doch bestimmte Kommunikation ohne jegliche Aggressivität. Bei ausländischen Amtsträgern achtet er stets darauf, niemals beleidigend oder verächtlich zu werden. Wenn er sich an seine Landsleute wendet, wechselt der Präsident ins einfühlsame Register: Er redet mit seinesgleichen. In den ersten Kriegswochen erbringt er eine weitgehend fehlerfreie Leistung: Er formuliert einfache Botschaften, arbeitet mit Bildern. Er vermittelt einen Eindruck von Natürlichkeit und Spontaneität, in Wirklichkeit aber ist alles perfekt durchdacht: Selenskyj ist ein Kommunikations-Arbeitstier.

Denn wenn er mit einem oder mehreren Journalisten allein ist und ein Interview führt, für das er die Fragen nicht vorab erhalten hat, kommt die Natürlichkeit im Nu zurück: Es klemmt. Selenskyjs Gedanken sind leicht chaotisch, egal, in welcher Sprache er spricht. Er hat das richtige Bauchgefühl, redet aber oft um den heißen Brei herum und braucht manchmal minutenlang, um auf eine eigentlich simple Frage zu antworten. In solchen Momenten wird Selenskyj zu einem echten politischen Rätsel: Was denkt er? Was sind eigentlich seine politischen Überzeugungen – und hat er überhaupt welche? Sein Geniestreich war, dass er anfängliche grundlegende Mängel an politischer Bildung und ideologischem Rückgrat durch großartige Intuition und Geistesblitze wettmachte. Er verfügt über die echte Gabe, die Sehnsüchte seines Volkes zu erfassen. Das macht ihn zu einem Pionier einer neuen Politik des 21. Jahrhunderts.

Im März 2019 empfängt Wolodymyr Selenskyj eine kleine Gruppe von Journalisten, darunter Noah Sneider, damals Leiter des *Economist*-Büros für Russland und die Ukraine (zur Gruppe gehörte auch einer der beiden Autoren dieses Buches). »Er schien mir aufrichtig, aber zutiefst naiv. Er war charmant und charismatisch und schien überzeugt, dass seine Berühmtheit ohne Weiteres auch in einem Bereich, in dem er nur wenig Erfahrung hatte, zum Erfolg führen werde. Er verhielt sich nicht wie die aufgeblasenen Politiker, die jahrelang regiert und gestohlen hatten. Er sprach wie ein normaler Mensch«, erinnert sich Sneider. »In diesem Interview fragte ich ihn, warum er auf die Verehrung seiner Fans und seinen Erfolg als Schauspieler verzichten wolle – zugunsten eines unsicheren und wahrscheinlich turbulenten Jobs als Präsident. Er sprach von einem Vertrauensvakuum in der Politik, das nur er füllen könne. Er hatte eindeutig Ambitionen: ›Ich will einen Fußabdruck in der Geschichte hinterlassen‹, sagte er. Aber er definierte seine Ziele nicht in ideologischen oder historischen Begriffen.« Etwas später wird sich der Reporter des *Economist* ein zweites Mal mit Selenskyj unterhalten, der ihm dann sagt: »Das Wichtigste in der Politik ist, ehrlich und integer zu sein.« Laut Noah Sneider wird sich später herausstellen, dass Wolodymyr Selenskyj damals noch ein unzureichendes Verständnis für die Details des politischen Verhaltens hatte, »doch er verfügte bereits über ein weit besseres Gespür für Grundprinzipien, als damals irgendjemand ahnte«.

Der »Selenskyjismus« – die Wortschöpfung sei erlaubt – ist ein wohlwollender Populismus auf ukrainische Art. Er ist eine im Zeitalter der sozialen Netzwerke verwurzelte Art zu politisieren, in der Bilder und visuelle Aspekte mehr zählen als der Inhalt und die Ideen selbst. »Seit fünfzehn Jahren produziere ich Botschaften, ich sehe mich als Profi auf diesem Gebiet, der das auch auf staatlicher Ebene rüberbringen kann«, erklärt Wolodymyr Selenskyj im März 2021. Es geht nicht darum, Ideen von oben her durchzusetzen, sondern darum, den Zeitgeist zu erschnuppern und gute Ideen herauszupicken. Die Regierungsführung wird dann Persönlichkeiten anvertraut, die Experten in ihrem Bereich sind. »Selenskyj ist ein unbeschriebenes Blatt, deshalb ist es interessant, mit ihm zu arbeiten, man kann ihm Ideen vorschlagen«, enthüllt uns eines Tages Oleksandr Danyljuk, der ehemalige Finanzminister von Petro Poroschenko, der eine Zeit lang Selenskyjs Berater war. »Die Ukraine hat jede Menge innerlich verrottete Großmaul-Politiker, aber nur sehr wenige mit staatsmännischem Format, die für den Rechtsstaat und die Freiheit eintreten«, erläutert der Politologe Dmytro Rasumkow, der 2019 Selenskyjs Wahlkampfstratege war. Dies erklärt auch, warum ein erst gerade ins Amt gewählter Selenskyj beim ersten Fernduell mit Wladimir Putin in der Lage ist, einen modernen ukrainischen Leitspruch in die Runde zu werfen, der stramm wie eine Fahne im Wind knattert: »Die ukrainische Staatsbürgerschaft bedeutet Freiheit, Menschenwürde und Ehre.«

Als die Strategen des künftigen Präsidenten die Grundlagen für das politische Projekt *Diener des Volkes* legten, das eine Sammelbewegung werden sollte, blickten sie gerne nach Frankreich, insbesondere auf Emmanuel Macron. »Wir haben die politischen Trends in Frankreich beobachtet und dabei sowohl Macrons Vorgehen als auch die Gelbwesten-Bewegung studiert«, räumt Dmytro Rasumkow verschmitzt ein. Die Formation *Diener des Volkes* weist verblüffende Ähnlichkeiten mit *La République en marche* auf: der lautstarke Ruf nach dem Rücktritt von Amtsinhabern, eine neue Elite ohne ausgeprägte ideologische Ausrichtung, eine technokratische Kultur, die Faszination für neue Technologien und alles Digitale, der Hang zu permanenter Kommunikation, die unverbrüchliche Loyalität zu einem Chef, aber auch eine phänomenale Fähigkeit, heiße Luft zu produzieren ...

Kurz nach seiner Wahl wird Wolodymyr Selenskyj seinen Freund Ruslan Stefantschuk beauftragen, die Ideologie seiner Partei niederzuschreiben. Stefantschuk, der spätere Präsident der *Werchowna Rada*, also des Parlaments, wird sie »Libertarismus« nennen. Dieser Begriff findet sich in intellektuellen Kreisen mehrerer postsowjetischer Länder (Georgien, Armenien, Estland, Lettland, Litauen, Russland), wo eine ganze Generation von Amtsträgern mit dem Gedankengut des ehemaligen georgischen Wirtschaftsministers Kacha Bendukidse aufwuchs. Dieser hatte den Liberalismus neu gedacht und an die Realität der genannten Nationen angepasst. Viele von Bendukidses Büchern wurden ins Ukrainische übersetzt, und er erreichte während der Maidan-Revolution ein sehr breites Publikum im ganzen Land.

Bei Wolodymyr Selenskyj zeichnet sich der Libertarismus in erster Linie durch seine liberale Prägung in sozialen Fragen aus. So war Selenskyj der erste ukrainische Präsident, der offen und selbstverständlich die Frage der Gleichberechtigung von LGBT+-Personen ansprach. Dies ist ein echter Meilenstein in einer noch immer von orthodoxen Werten geprägten Gesellschaft. Die zweite Passion des Mannes: »weniger Staat, mehr Digitalisierung«. Er prägte das Motto vom »Staat in einem Smartphone«, was heißt: möglichst viele öffentliche Dienstleistungen online anbieten. So soll der Staat näher zu den Bürgern gebracht und zugleich die Bürokratie und das Korruptionsrisiko verringert werden. Zusammen mit seinem 31-jährigen Vize-Ministerpräsident Mykhailo Fedorov, der für die digitale Transformation zuständig ist, führte Wolodymyr Selenskyj eine geniale App namens Dija (»Aktion«) ein: eine kinderleichte Smartphone-Applikation, die schon von 13 Millionen

Ukrainern genutzt wird. Über sie kann man seine Behördengänge, die Steuern, die Fahrzeugzulassung usw. vom Smartphone aus verwalten. Zudem ist die Ukraine das erste Land der Welt, das den elektronischen Pass zuließ.

Seit 2019 erlebt die Ukraine einen beispiellosen Wirtschaftsboom im Bereich der technologischen Innovation (IT). Kiew ist zur europäischen Hauptstadt der Kryptowährungen und Bitcoins geworden. Vor dem Krieg hatte sich die Regierung zum Ziel gesetzt, den Anteil des IT-Sektors am Bruttoinlandsprodukt (BIP) bis 2025 auf zehn Prozent zu steigern. Wolodymyr Selenskyj hat sich ganz klar vom estnischen Modell des »E-Government« inspirieren lassen. Das verrät die Faszination des Präsidenten für Pioniere der New Economy, allen voran Elon Musk. Es ist kein Zufall, dass sich Selenskyj und sein Regierungsteam zwei Tage nach Beginn der russischen Aggression an den südafrikanischen Guru wenden. Am 26. Februar 2022 fordert Mykhailo Fedorov Musk über Twitter auf: »*@elonmusk, while you try to colonize Mars – Russia try to occupy Ukraine! While your rockets successfully land from space – Russian rockets attack Ukrainian civil people! We ask you to provide Ukraine with Starlink stations and to address sane Russians to stand.*«[3]

3 »@elonmusk, während Sie versuchen, den Mars zu kolonisieren, versucht Russland, die Ukraine zu besetzen! Während Ihre Raketen nach Weltraumflügen erfolgreich landen, greifen russische Raketen ukrainische Zivilisten an! Wir fordern Sie auf, die Ukraine mit Starlink-Stationen zu versorgen und die vernünftigen Russen aufzurufen, sich [gegen Putin] zu erheben.«

Einige Stunden später ist der Starlink-Dienst in der Ukraine einsatzbereit, die Satelliten von Elon Musks Unternehmen SpaceX wurden oberhalb des Landes platziert. Tatsächlich träumt Selenskyj seit Monaten davon, den Milliardär in Kiew willkommen zu heißen. Solche Selfmade-Unternehmer faszinieren ihn, seiner Meinung nach bringen sie die Gesellschaft stärker voran als die Politiker. Dieser reformistische Libertarismus hat während Selenskyjs erstem Amtsjahr, unter der Regierung des modernistischen jungen Ministerpräsidenten Oleksij Hontscharuk, freie Bahn. Im Februar 2020 wird Letzterer von Denys Schmyhal abgelöst, einem bewährten Manager, der keine Wellen schlägt. Er leitete früher ein Kohlekraftwerk, das Rinat Achmetow gehört, dem reichsten Mann des Landes. Denn in der Ukraine prallen Libertarismus und Reformbestrebungen auf eine harte Realität: jene des übermächtigen Energiesektors und der undurchsichtigen Machenschaften der Oligarchen.

2

Von Holoborodko zu Selenskyj

Diener des Volkes

Es ist Nacht. Hoch über dem Maidan-Platz stoßen drei Oligarchen im Voraus auf das Ergebnis der Präsidentschaftswahlen an, auf den zukünftigen »Schlosskönig« in der »unkontrollierten Demokratie Ukraine«. Die Atmosphäre ist düster. Wir befinden uns in einer Art *Game of Thrones* im Lande der Kosaken. Zwischen zwei Gitarrenakkorden erklingt plötzlich der Vorspann eines Liedes, in dem Dmytro Schurows warme Stimme zu erkennen ist, einer berühmten Größe des ukrainischen »Independent-Rock«. »Ich liebe *mein Land ... Ich liebe meine Frau ... Ich liebe meinen Hund ... Ich bin überall, nie ohne Saft, beinahe schon wie Superman ...*«, singt er entspannt. Goldenes Licht ergießt sich über die ukrainische Hauptstadt, die Dnepr-Brücken, die 1900er-Fassaden des Chreschtschatyk-Boulevards und die neuen Glaspaläste, die Säule auf dem Unabhängigkeits- beziehungsweise Maidan-Platz. Ein Typ mit recht sympathischem Gesicht und eher treuherzigem Blick tritt in die Pedale eines weißen Fahrrads, das er vor dem Gebäude des ukrainischen Präsidialamts abstellt.

Sluha Narodu (Diener des Volkes) ist die Geschichte von Wassyl Holoborodko, einem kleinen Geschichtslehrer in den Dreißigern. Er wohnt noch bei seinen Eltern, in einer typischen Kiewer Wohnung, in der sich die erweiterte Sippe das Wohnzimmer und die Küche teilt. Eine typisch postsowjetische Familien-WG. Wasja, wie ihn seine Leute nennen, macht sich eines Morgens mit Verspätung für die Arbeit bereit, als er aus dem Badezimmer gerufen wird. Fassungslos entdeckt er im Flur den scheidenden Premierminister, der ihn mit »Herr Präsident« begrüßt und ihm mitteilt, er habe die Wahl mit 67 Prozent gewonnen.

Rückblende. Ein paar Wochen zuvor steht Wassyl Holoborodko vor der Klasse 10B, einer Gruppe von 16-Jährigen, und erteilt Geschichtsunterricht, als ein Lehrerkollege in den Raum stürmt. Auf Geheiß der Direktorin schickt er die Schüler zum Plakatekleben für die bevorstehenden Präsidentschaftswahlen. Sobald die Schüler das Gebäude verlassen haben, macht Holoborodko, grün vor Wut und im blauen Pullunder leicht spießig anmutend, seinem Ärger in einem wahren Slang-Festival Luft. Der Anstand zwingt den Serien-Regisseur, gewisse Wörter durch »piep« zu ersetzen: »Ich habe die Schnauze voll [piep]! Die Schüler sollen Wahlplakate kleben gehen [piep]! Warum haben wir ein solches Hundeleben? Weil unsere Wahl genau bei diesen Plakaten beginnt. Es gibt niemanden, den man wählen könnte! Wem soll man denn seine Stimme geben? Na, immer dem weniger miesen von zwei Vollidioten [piep]! Und so geht das schon seit fünfundzwanzig Jahren [piep]!«

Heimlich filmt das Klassenschlusslicht Glotow aus einem nahen Fenster den Ausraster und stellt das Video auf YouTube. Bumm! Der homerische Zorn des kleinen Lehrers fegt übers Land. Acht Millionen Aufrufe. Die Eltern der 10B lassen verlauten, sie würden Holoborodko wählen, falls er kandidiere. Die Schüler starten eine Crowdfunding-Kampagne für ihren naiven Lehrer. Und ohne Überleitung sieht sich der Mann eines Morgens zum Präsidenten der Ukraine gewählt. Er dreht den favorisierten Kandidaten Serhij Karasjuk und Jana Borysenko (kaum verfremdete Karikaturen des ehemaligen Präsidenten Petro Poroschenko und der ehemaligen Ministerpräsidentin Julija Timoschenko) eine lange Nase. Während Jurij Schuko, der scheidende Ministerpräsident und alte Fuchs, ihn auf der Rückbank einer Limousine seinem Schicksal entgegenführt, klammert Holoborodko sich an den Deckengriff wie an die Haltestange seiner gewohnten Straßenbahn.

Soweit die zwanzigminütige Kurzfassung des eher unorthodoxen Pitchs von *Diener des Volkes*. Die Serie ist das jüngste Phänomen des Fernsehsenders 1 + 1, dem ukrainischen Marktführer in Sachen Sitcom. Die Produktion ist sauber und professionell. Was die Texte anbelangt, werden Kinofreunde nochmals drübergehen müssen ... Doch *Sluha Narodu* trumpft mit Humor, Ironie und ziemlich einfachen guten

Gefühlen. Die Serie baut weitgehend auf ukrainischen Klischees auf, die mit dem Skalpell seziert und in treffsicheren Sketchen aufgetischt werden. Obwohl die Intellektuellen die Nase rümpfen, wird die Serie beim breiten Publikum, das die populären Programme von 1 + 1 mag, ein Hit. Acht Millionen – das ist auch die durchschnittliche Zuschauerzahl, die *Sluha Narodu* während der drei zwischen 2015 und 2019 ausgestrahlten Staffeln erreicht hat. Der größte audiovisuelle Kassenschlager der modernen Ukraine. Im Jahr 2017 wird die zweite Staffel fürs Kino adaptiert. Wenig später erwirbt die Plattform Netflix die Rechte an der ersten Staffel. Das ist eine Premiere für ein audiovisuelles Produkt aus der Ukraine – und ein Jackpot für die Produktionsfirma Kwartal 95, in deren Räumen die Serie entstanden ist. Sie wird von einem Komiker und Produzenten mit Sinn fürs Geschäft geleitet: von Wolodymyr Selenskyj. Er ist also Produzent wie auch Co-Autor und Hauptdarsteller von *Diener des Volkes*.

Es gibt mehrere Gründe für den Erfolg. Der erste und wohl wichtigste: Das Land hat einen schwierigen Alltag zu bewältigen und braucht eine Verschnaufpause, es will ein wenig lachen. Die Sitcom mit Regisseur Oleksiy Kiriuschenko, einem gewieften Fernsehmann, spielt von Anfang an in einer imaginären, fast schlaraffenlandartigen Ukraine. Man erkennt das städtische Umfeld von Kiew, auch einen entfernten Schimmer ihrer früher durchgemachten Revolutionen und ihres pulsierenden politischen Lebens. Doch man weiß nicht genau, ob man sich im Jahr 2004 oder im Jahr 2015 befindet. Die Zeitverhältnisse sind verwischt, die wichtigsten Helden sind Archetypen. Abgesehen von einem Witz über Wladimir Putin spielt die Show nur selten auf die Dramen an, die die Nation seit ein paar Jahren erlebt: die Maidan-Revolution, die Annexion der Krim durch Russland, der Krieg, den der Kreml im Donbass via zwischengeschaltete Separatisten gegen die Ukraine führt. Zu Beginn der ersten Staffel begrüßen Barack Obama und Angela Merkel Wassyl Holoborodkos Wahl, aber die etwas plumpen Gags haben wenig Realitätsbezug. Die Fernsehzuschauer können die Dramen im Donbass wegschieben und endlich herzhaft lachen.

Eine weitere Eigenheit der Serie: Die Figuren in *Sluha Narodu* sprechen überwiegend russisch, die Sprache, die die Promoter von Kindesbeinen an reden und in ihrem Alltag verwenden. Diese Wahl ist nicht zufällig. Sämtliche Produzenten der Serie *Diener des Volkes* haben ihre Karriere sowohl in der Ukraine als auch in Russland aufgebaut, und für Kwartal 95 sind Russland und die anderen ehemaligen Sowjetrepubliken vielversprechende Märkte. Im geopolitisch extrem aufgeladenen Kontext vermeidet die Serie von vornherein jegliche ideologische Positionierung. Seit zwei Jahrzehnten dominieren die russischsprachigen audiovisuellen Produktionen den ukrainischen Markt: Sie sind billiger zu produzieren und eröffnen den Projekten Absatzmöglichkeiten in der ganzen russischsprachigen Welt. Und schließlich ist die sprachliche Durchlässigkeit im Land erheblich: Die große Mehrheit der Einwohner ist zweisprachig, obwohl nach der Unabhängigkeitserklärung im Jahr 1991 das Ukrainische zur einzigen Landessprache erhoben wurde. *Sluha Narodu* zeigt Kiew als eine russischsprachige Stadt, was der Realität entspricht, da sie die größte russischsprachige Metropole außerhalb Russlands ist – in einem Land, dessen Identitätsbewusstsein sich derzeit jedoch rasant wandelt.

Die Sprachwahl ist einer der Gründe für den Erfolg der TV-Serie, die insbesondere die Generation 40+ anspricht. Seit Jahrzehnten findet deren Familien- und Sozialleben auf Russisch statt. Das Drehbuch der Sitcom basiert auf den Codes der letzten zwanzig Jahre. Die angesprochenen Themen, die Anspielungen und Wortgefechte kommen bei der breiten ukrainischen Bevölkerung gut an: Diese ist nicht unbedingt intellektuell, nicht elitär und stammt großteils aus den sprachlich gemischten Regionen im Zentrum und im Osten des Landes.

Aus denselben Gründen sorgte *Diener des Volkes* aber auch für Polemik und löste eine politische Debatte aus. Tatsächlich hatte der ukrainische Staat im Jahr 2014 ein Gesetz verabschiedet, das die vom Kulturministerium und der Nationalen Ukrainischen Filmagentur (Derjkino) finanzierten audiovisuellen Produktionen dazu verpflichtet, ausschließlich die ukrainische Sprache zu verwenden. Privat finanzierte

Fernsehfilme und Serien wie *Diener des Volkes* liegen teilweise außerhalb dieser Gesetzgebung. Die Sender sind allerdings angehalten, russische Dialoge auf Ukrainisch zu untertiteln. Trotzdem kommt der Humor von *Sluha Narodu* in den ukrainischsprachigen westlichen Landesteilen weniger gut an, denn hier sind die kulturellen Referenzen und Denkweisen anders.

Der Sinn für Selbstironie, den die Drehbuchautoren von *Diener des Volkes* an den Tag legen, stößt zartbesaiteten Intellektuellen und patriotischen Randgruppen der Bevölkerung sauer auf. Sie sind der Meinung, dass die Produzenten die ukrainische Gesellschaft verspotten, um in den großen Auslandsmärkten wie Russland besser anzukommen. Wer von einem modernen, europäischen und zukunftsorientierten Land träumt, bekundet Mühe, sich im Spiegel anzuschauen. Dieser zeigt letztlich eine naive und manchmal auch etwas mittelmäßige Welt. Eine apathische Gesellschaft, die nicht in der Lage ist, ihre Probleme anzupacken, und die nur auf einen Retter wartet – namentlich auf einen, der ein weißes Fahrrad fährt.

Dennoch erzielt die Serie *Diener des Volkes* einen durchschlagenden Erfolg, denn Selenskyj und seine Drehbuchautoren und Schauspieler sind bemerkenswert klarsichtige Soziologen des Alltags. Geschickt integriert die Serie die unzähligen Schwierigkeiten, mit denen die Ukrainer zu kämpfen haben – als Bürger eines von ungleichen Chancen gekennzeichneten Landes, in dem die Mittelschicht erst im Entstehen begriffen ist. Wassyl Holoborodko ist ein idealer Präsident für eine Bevölkerung, die sich so heftig über Oligarchen und Korruption beklagt. Seine Familie gleicht dem Volk, das angesichts der Schwierigkeiten des Lebens, der modernen Konsumgesellschaft und der Härte des postsowjetischen Kapitalismus Meister in der Kunst der Arrangements und Tricks am Rande der Legalität geworden ist. So wie Pjotr Holoborodko, der Vater des Helden, der manchen Kumpanen nach der Wahl seines Sohnes lukrative Posten in der Verwaltung verspricht und seine alten Möbel durch geschmacklose neue voller Goldornamente ersetzt.

Zwei geschickt karikierte Welten existieren nebeneinander. Im Schatten jene der Oligarchen, der verhassten Marionettenspieler im politischen Gefüge, deren Gesichter man nie sieht: schwarze Limousinen, Münder, die sich vollstopfen, dicke Finger, die schwarzen Kaviar auf Brotscheiben streichen, italienische Nadelstreifen-Jacketts. Im Licht steht die Welt der einfachen Ukrainer, die wie Holoborodko zu Hause im Unterhemd herumlaufen, die Mikrokredite aufnehmen, die wählen gehen, aber um ihre Stimme betrogen werden, die das System ändern wollen, es jedoch nicht schaffen. Die Szenen der Serie treffen ins Schwarze, beispielsweise jene Episode der ersten Staffel, die für jeden, der schon einmal auf einer ukrainischen Straße fuhr, zum Brüllen komisch ist: Darin fährt Präsident Holoborodko über kaputten Asphalt und trifft plötzlich auf eine Arbeiterbrigade, die gerade ein zweites Frühstück nimmt, statt die Straße zu reparieren. Die üppige Baustellenleiterin, in neonoranger Weste und mit einem traditionell geblümten Tuch im Haar, erklärt Holoborodko, dass ihr Team nur deshalb nicht arbeite, weil der Schotter für die Fahrbahnunterlage gestohlen worden sei. Der Infrastrukturminister wird daraufhin vom Präsidenten vorgeladen, vermag den Zustand der Straßen jedoch nicht zu erklären, obwohl riesige Summen ausgegeben worden sind. Die Straßen – ein Thema, das Ukrainer aller Schichten zu einen vermag ...

Diener des Volkes trägt Züge einer Fabel beziehungsweise eines politischen Märchens, aber auch Züge einer Netflix-Serie und einer ukrainischen Sitcom. Ungeachtet aller Kritik wird die Serie ein Kassenschlager und hebt ein Gesicht heraus: jenes von Wolodymyr Selenskyj. Der berühmte Samstagabend-Komiker steigt zum Superstar auf. Seit Jahren träumen die Bürger, desillusioniert durch Wahlen, durch gestohlene Ideale und Revolutionen, von einem ganz normalen Präsidenten, von einem wie sie. Selenskyj, Kwartal 95 und 1 + 1 haben dessen Hologramm nun in die Welt gesetzt.

Diener des Oligarchen?

Ein wichtiger Name taucht im Abspann von *Diener des Volkes* nicht auf, nämlich der des Mannes, dessen Scheckbuch die Serie ermöglicht hat: Ihor Kolomojskyj. Der milliardenschwere Oligarch und Besitzer des Senders 1 + 1, der die Serie ausstrahlte, ist eine aus dem politischen Leben und der Geschäftswelt der letzten zwanzig Jahre nicht wegzudenkende Figur. In der Ukraine sind die Printmedien wenig etabliert und haben nur eine geringe Durchschlagskraft. Wenn man reich ist und Einfluss auf die öffentlichen Angelegenheiten nehmen will, hat man hier zwei Dinge zu finanzieren: einen oder mehrere Fernsehsender sowie eine oder mehrere politische Parteien.

Es gibt etwa dreißig analoge terrestrische Fernsehkanäle, dazu ein unüberschaubares Angebot an thematischen Kabelkanälen und lokalen Sendern von schwankender Qualität; hinzu kommen große internationale, europäische und amerikanische Nachrichtenkanäle. Der öffentlich-rechtliche Rundfunk hat eine sehr niedrige Einschaltquote, da er unter chronischer Unterfinanzierung leidet. Seit Ausbruch des Donbass-Krieges im Jahr 2014 sind die russischen Sender, die den Konflikt durch ständige Propaganda angeheizt hatten, im Land verboten.

Seit etwa zehn Jahren hält eine Handvoll Fernsehsender den Löwenanteil. Ihre Aktien sind im Besitz des *Who's who* der ukrainischen Großverdiener, das heißt im Besitz der Oligarchen. Der marktführende Sender Ukraina gehört Rinat Achmetow, dem reichsten Mann des Landes und Präsident des Fußballvereins Shakhtar Donezk; sein Reichtum beruht auf Kohle, Strom und Metallurgie. Danach folgt der Sender

ICTV, der Viktor Pintschuk gehört, ebenfalls ein Wirtschaftsmagnat aus der Stahlbranche. Dann kommt 1 + 1, eine Gruppe von acht Sendern, deren Mehrheitsaktionär Ihor Kolomojskyj ist.

Die Unabhängigkeit und die Gründlichkeit der Journalisten dieser Sender entsprechen exakt den politischen und finanziellen Interessen des obersten Chefs. Das Geschäft der Kanäle basiert zum einen auf Sport, zum anderen auf Unterhaltung. Zu Letzterer gehören Talkshows, Serien, Mainstream-Filme sowie Variété-Sendungen, also humoristische Formate und Komödien. Im Unterhaltungsbereich schlägt sich 1 + 1 ziemlich gut, der Sender avanciert zum ukrainischen Äquivalent von RTL in Deutschland oder von TF1 oder M6 in Frankreich. In der großen politischen Talkshow *Prawo na Wladu* (*Das Recht auf Macht)* treten Woche für Woche politische Schwergewichte gegeneinander an. Doch das eigentliche Markenzeichen des Senders ist die Unterhaltung. Hier sichert sich 1 + 1 prestigeträchtige internationale Lizenzen: *Holos Krainy* (*The Voice of Ukraine*), die lokale Version von *The Voice,* oder auch den Tanzwettbewerb *Dancing with the Stars,* der 2006 gewonnen wurde von ... Wolodymyr Selenskyj, der in einem schrill pinken Schlaghosen-Anzug zu Elvis Presleys *Blue Suede Shoes* tanzte.

Im Jahr 2012 unterzeichnen er und seine Komikertruppe von Kwartal 95, alle bereits bekannt für ihre Variété-Produktionen auf dem Sender Inter des pro-russischen Oligarchen Dmytro Firtasch, bei Kolomojskyj und wechseln zu seinem Kanal 1 + 1. Der Erfolg stellt sich umgehend ein. Selenskyj und seine Truppe landen einen Volltreffer nach dem anderen. So *Wechirniy Kwartal* (*Das Abendquartier*), eine Primetime-Sendung am Wochenende, angesiedelt zwischen Cabaret, Satire und Variété, oder *Liga Smekha* (*Liga des Lachens),* ein Sketchwettbewerb für Improvisationstheater-Teams, der oft in Theatersälen oder Hallen großer Städte des Landes gedreht wird. Kwartal 95 produziert auch Serien, darunter *Swaty* (*Der Mittelsmann*). Mit ätzendem Humor werden darin die Familienprobleme kleiner Leute rund um die Jahrtausendwende geschildert; sie wird in der Ukraine und auch in Russland zur beliebtesten Fernsehserie.

Das Fernsehen ist zwar nicht Ihor Kolomojskyjs Hauptgeschäft, doch er verfolgt die Auftritte seiner neuen Schützlinge sehr genau. Offen gesagt hat der Milliardär mit einem Hang zum Humor selbst das Zeug zu einer Serienfigur. Dem Bild eines geschniegelten Geschäftsmannes entspricht er keineswegs, er ist ein origineller Mensch, ein Spaßvogel, dessen eigenwilliger grauer Bart das rundliche Gesicht betont. Trotz seines immensen Vermögens tritt er oft in einem ausgeleierten T-Shirt und einer nicht dazu passenden Jacke auf.

Ihor Kolomojskyj kam 1963 in einer jüdischen Familie in Dnipropetrowsk zur Welt, einer Großstadt in der zentral-östlichen Ukraine, die für ihre Luft- und Raumfahrtindustrie bekannt ist (2016 wurde sie in

Dnipro umbenannt). 1985 machte er seinen Abschluss als Ingenieur am Breschnew-Metallurgie-Institut, in der Fachrichtung »Wärmetechnik und Automatisierung von metallurgischen Öfen«. Wie der Geschichtslehrer Wassyl Holoborodko so schön sagt, ist Kolomojskyj eines dieser »Mathe-Genies, die ihre teuflische Wissenschaft einzig dazu nutzen, um ihren Reichtum zu mehren«.

Ein Mathe-Genie mit einer Besonderheit: Er hat aus den 1990er-Jahren, als er die Privat-Gruppe aufbaute (tätig in den Bereichen Bankwesen, Petrochemie, Metallurgie, Lebensmittelindustrie und Luftverkehr) die rücksichtslose Vorgehensweise beibehalten. In ihrer wilden Kapitalakkumulationsphase, die auf den Zusammenbruch der UdSSR folgte, arbeiteten die ukrainischen Oligarchen mit der Unterwelt zusammen – wenn sie nicht gleich direkt aus ihr hervorgegangen waren. Abrechnungen waren an der Tagesordnung, und Konflikte wurden mit Maschinenpistolen auf der Straße ausgetragen. Als sie ihr Vermögen stabilisiert hatten, erfanden sie sich selbst neu und gründeten auf Rat der besten westlichen PR-Agenturen Wohltätigkeitsorganisationen oder begannen mit dem Sammeln moderner Kunst. Nicht so Kolomojskyj. Er behielt seine postsowjetischen Wildwestmethoden bei und verschanzte sich in einer ungehobelten, provokativen, oft auch nachtragenden Figur, die Rivalen mit Schimpftiraden fertigmacht.

Im April 2014 bricht der Krieg im Donbass aus, als eine in Russland kreierte Separatistenbewegung die Städte Slawjansk, Kramatorsk, Donezk und Luhansk einnimmt. Die neue Regierung in Kiew ist geschwächt und versucht mit oberster Priorität, die großen russischsprachigen Städte im Osten unter ihrer Kontrolle zu behalten. Dort versucht Russland ebenfalls, sein separatistisches Gift zu verbreiten, als sogenannter Russischer Frühling. Der Übergangspräsident Oleksandr Turtschinow ernennt Ihor Kolomojskyj zum Gouverneur seiner Heimatstadt. Damit wird ein politischer Pakt besiegelt: Er soll die Oblast, also die Region Dnipropetrowsk, unter der ukrainischen Regierung halten, indem er die pro-russischen Kräfte der Stadt wegschafft, wenn nötig auf die harte Tour.

Der Milliardär investiert zehn Millionen Dollar in die Gründung des Bataillons Dnipro-1, das irgendwo zwischen Polizeiregiment und nationalistischer Miliz anzusiedeln ist und das sich durch Schnellverfahren und Menschenrechtsverletzungen auszeichnen wird. Mehreren Quellen zufolge unterstützt Kolomojskyj auch andere nationalistische Freiwilligenbataillone wie »Donbass« oder »Aidar« finanziell. In der Ukraine sind politische Zugehörigkeiten immer von der jeweiligen Situation abhängig: Kolomojskyj, ein prominentes Mitglied der jüdischen Gemeinde von Dnipropetrowsk, zögert nicht, rechtsextreme Milizen zu unterstützen. Bei nationalen Wahlen erreichen diese Parteien seit

2014 insgesamt nie mehr als zwei Prozent und sind nicht im Parlament vertreten. Trotzdem entwickelt die russische Propaganda über all die Jahre den Mythos einer Ukraine, die von einer »faschistischen Junta« und von Neonazis kontrolliert werde. Darüber lacht Kolomojskyj wie immer aus vollem Hals und zieht sich ein T-Shirt mit der Aufschrift »Juden-Banderist« über. Der Neologismus greift auf die Sowjetzeit zurück und verbindet die Juden mit Stepan Bandera. Dieser ist eine umstrittene Ikone des ukrainischen Untergrund-Nationalismus der 1940er-Jahre, der eine Zeit lang mit den Nazis kollaborierte, bevor er sich dann gegen sie wandte.

In dem Jahr, in dem er die Oblast Dnipropetrowsk regiert, gelingt es Ihor Kolomojskyj dank seiner harten Methode, die kleine pro-russische Bewegung zu vertreiben: Verhaftungen und wohl auch Exekutionen, Kompromisse mit illoyalen Abgeordneten, die in Versuchung standen, sich an die Russen zu verkaufen, Druck auf Mafianetzwerke – und schon verpufft der von Wladimir Putin angestrebte »Russische Frühling« in den meisten ostukrainischen Städten. Kolomojskyj verdient sich seine Sporen als Maidan-freundlicher und pro-westlicher Oligarch. Nur: Bei diesem gesetzlosen und ideologisch ungebundenen Individuum gibt‘s nichts umsonst. Seine einzige Religion ist ihm sein Geschäft, das er in der neuen Ukraine voranbringen will, indem er sich neue Vermögenswerte einverleibt.

Ihor Kolomojskyj fühlt sich beflügelt. Er hat seine Leute in Kiew platziert, in der Verwaltung und der *Werchowna Rada*, dem Parlament, wo mehrere Dutzend Abgeordnete von seinen Zuwendungen leben. Seit Langem kontrolliert er UkrNafta und UkrTransNafta, zwei Ölunternehmen in Staatsbesitz, obwohl er dort nur Minderheitsaktionär ist. Doch dank der von ihm beherrschten Vorstände kassiert er den Großteil der Gewinne. Kolomojskyj und sein Geschäftspartner Gennady Bogoliubov besitzen die »PrivatBank«, die größte Bank des Landes, die an ihren grünen Schildern zu erkennen ist und bei der die meisten Ukrainer (25 Millionen) ein Konto haben.

Die Regierung in Kiew ist alarmiert, ebenso der Internationale Währungsfonds (IWF). Petro Poroschenko, der im Mai 2014 zum Präsidenten gewählt wurde, sorgt sich angesichts der Macht, die Kolomojskyj in Dnipropetrowsk genießt, wo mittlerweile eine neofeudalistische Atmosphäre herrscht. Er entlässt ihn am 25. März 2015 aus seinem Amt als Gouverneur, um bei UkrTransNafta aufzuräumen. Empört über den drohenden Verlust seines Goldesels hatte Kolomojskyj am 23. März 2015 das Firmengelände im Zentrum von Kiew durch »Tennisspieler« besetzen lassen: vermummte Männer, bewaffnet mit Maschinengewehren, die sie in Sporttaschen mitgebracht haben. Die Polizei greift ein, die Situation droht zu eskalieren. Die Verstaatlichung der PrivatBank wird auf Druck des IWF Ende 2016 erfolgen.

Laut Waleria Gontarewa, einer ehemaligen Chefin der ukrainischen Nationalbank, haben Kolomojskyj und seine Freunde 5,5 Milliarden US-Dollar aus der Kasse gestohlen. Dies entspricht 33 Prozent der Spareinlagen, 40 Prozent des Zentralbankgeldes und 5 Prozent des ukrainischen Bruttoinlandsprodukts (BIP)! Der Staat muss der Bank mit 5,9 Milliarden US-Dollar unter die Arme greifen.

Doch Kolomojskyj kündigt Widerstand an; gleichzeitig beginnt die Justiz sich mit ihm zu beschäftigen. Mit dem Verlust von UkrTransNafta hat er die Kontrolle über 4 500 Kilometer Ölpipelines verloren, die den jährlichen Transport von 110 Millionen Tonnen Öl in die Ukraine sicherstellen. Der Oligarch geht ins Exil, mal ist er in Israel, mal in Genf, wo er ein Anwesen besitzt. Er erklärt Petro Poroschenko den Krieg. Die Sender der 1 + 1-Gruppe stellen den amtierenden Präsidenten in ein schlechtes Licht: Seit 2015 enttäuscht er die Hoffnungen der Maidan-Generation, namentlich indem er die von der Bevölkerung erwarteten radikalen Antikorruptionsreformen beerdigt. Auch Poroschenko und sein Umfeld haben Dreck am Stecken. Die Journalisten und die Komiker von 1 + 1 stürzen sich darauf. In den Büros der Produktionsfirma Kwartal 95 brüten Wolodymyr Selenskyj und seine Drehbuchautoren über einem Projekt, das zu *Diener des Volkes* werden wird.

Ein paar Monate fürs Schreiben des Drehbuchs, einen Sommer lang Dreharbeiten, und am 16. November 2015 legt *Sluha Narodu* zur besten Sendezeit los. Das Publikum lässt sich nicht bitten. Allerdings verstehen zu diesem Zeitpunkt nur wenige, dass *Diener des Volkes* nicht einfach eine lustige, harmlose Serie ist. In Wirklichkeit ist es eine Kriegsmaschine, eine Granate, die ein Oligarch gezündet hat, um einen anderen zu stürzen.

Der Wahl-Coup des Jahrhunderts

Wir schreiben den 31. Dezember 2018. Dies ist für die Ukrainer der Beginn der Weihnachtsferien. Seit mehreren Monaten beunruhigen die im April 2019 anstehenden Präsidentschaftswahlen die politische Klasse. Petro Poroschenkos Umfragewerte sind mittelmäßig. Er hat Mühe, über seine patriotische und konservative Basis hinaus Wähler zu mobilisieren. Im Jahr 2016 hatten die »Panama Papers« enthüllt, dass auch er Offshore-Konten nutzte, um Vermögen außer Land zu schleusen. Im Winter zuvor hatte Poroschenko mit seiner Familie ein paar Tage Urlaub auf den Malediven verbracht, zum läppischen Preis von 500 000 US-Dollar. Seit dem Herbst ist die unverwüstliche Julija Timoschenko nicht mehr zu bremsen: Die ehemalige Ministerpräsidentin, die Tag und Nacht vom Präsidentenamt träumt, hat die Hauptstadt mit Wahlplakaten überzogen. In den Umfragen liegt sie an zweiter Stelle. Doch abgesehen von den Rentnerinnen in der Provinz, die ihre Wählerbasis bilden, glaubt niemand wirklich daran. Die Ukraine steuert langsam auf ein Duell zwischen Poroschenko und Timoschenko zu, und das begeistert keinen. Kiew ist deprimiert.

Auf 1 + 1 bestreiten wie gewohnt die Kwartal-95-Komiker den Silvesterabend, mit der Neujahrsausgabe von *Wechirny Kwartal (Das Abendquartier)*. Es ist Tradition, dass sich vor Mitternacht auf allen Kanälen das Staatsoberhaupt einschaltet, um seine Neujahrsgrüße zu überbringen. Doch auf dem Kanal von Kolomojskyj gibt's diesmal keinen Poroschenko ... An seiner Stelle tritt, in einem weißen Hemd, Wolodymyr Selenskyj vor die Kamera. »Jetzt haben wir eine Situation, die den Ukrainern drei Wege offen lässt«, erklärt er den Zuschauern, die amüsiert oder erstarrt vor dem Fernseher sitzen. »Der erste: Leben Sie einfach Ihr Leben und mucken Sie nicht auf, kein Problem, das ist Ihr gutes Recht. Der zweite Weg: Packen Sie Ihre Koffer und reisen Sie in ein anderes Land, um dort zu arbeiten und genug Geld zu verdienen, das Sie an Ihre Familie und an Freunde schicken können. Auch das ist achtenswert. Es gibt noch einen dritten Weg: Versuchen Sie selbst, in diesem Land etwas zu verändern. Ich habe mich für diesen Weg entschieden. Seit einiger Zeit werde ich gefragt: ›Tust du es nun, oder tust du es nicht?‹ Jetzt, wenige Minuten vor dem neuen Jahr, gebe ich Ihnen ein Versprechen: Liebe Ukrainer und Ukrainerinnen, ich verspreche Ihnen, dass ich als Präsident der Ukraine kandidiere. Liebe Ukrainer und Ukrainerinnen, ich verspreche Ihnen, dass ich es auch werde. Los, lasst es uns gemeinsam tun. Frohes neues Jahr!«

Das Video wird zum Hype. Allerdings vor allem als Lachnummer. Selenskyj ist zwar ein Star, aber keiner nimmt den Spaßvogel vom Dienst ernst, schon gar nicht das Establishment. Dabei liegen Zeichen in der Luft. Im Dezember 2018 haben einige Umfrageinstitute die Selenskyj-Hypothese in ihre Fragebögen integriert. Überraschung: Mit zehn Prozent der geäußerten Wahlabsichten landet der Schauspieler auf dem dritten Platz. Im demokratischen, dynamischen, manchmal brutalen, aber barocken und kreativen politischen Leben der Ukraine kommt es auf einen Gag mehr oder weniger nicht an. Diesmal äußert sich der Gag als klarer Trend gegen aktuelle und frühere Amtsinhaber: 42 Prozent der Wähler wissen nicht, wem sie ihre Stimme geben sollen. »Unsere Gesellschaft hat gegenüber Politikerpersönlichkeiten noch nie große Unterstützung bekundet. Die Ukraine ist eine pluralistische Gesellschaft, die aber von der Politik ständig enttäuscht wird«, kommentiert Viktor Samjatin, Politikwissenschaftler am Rasumkow-Zentrum. »Das ist positiv, denn unser Land hat keinen autoritären, patriarchalischen Charakter. Es gibt Vitalität und Wettbewerb, auch wenn dies noch keine Grundlage für den Aufbau klarer politischer Projekte darstellt.«

In Wirklichkeit sind die Ukrainer auf der Suche nach ihrem neuen Star. Politisch sind sie oft emotional, ewig unzufrieden, sie träumen von einem Mann der Stunde. Im gleichen Winter weckt ein anderer Name Sehnsüchte: Swjatoslaw Wakartschuk, der Sänger der Rockband Okean Elzy. Seit zwanzig Jahren kennt jeder Ukrainer ihre Hits auswendig. Okean Elzy ist für die Ukraine, was U2 für Irland ist, nämlich ihre musikalische DNA. Wakartschuk hat für seine Landsleute die gleiche Aura wie Bruce Springsteen für die Amerikaner. Schlägt nun wohl die Stunde des Sängers? Umfragen schreiben ihm regelmäßig fünf bis zehn Prozent der Stimmen zu. Einige Oligarchen pflegen diskrete Kontakte mit ihm. Aber das Idol hat eine Schwäche: seinen zögerlichen Charakter. Er wartet darauf, dass ihn eine Umfrage an die Spitze katapultiert, doch die kommt nicht. Er nimmt den fliegenden Ball nicht auf, Wolodymyr Selenskyj schnappt ihn sich wieder.

In der Zwischenzeit hat die Serie *Diener des Volkes* die Herzen von 20 Millionen Zuschauern erobert. Die zweite Staffel wurde verfilmt und lockt 800 000 Zuschauer in die Kinos – der größte ukrainische Kassenschlager seit je. Die einzelnen Folgen verzeichnen insgesamt mehr als 90 Millionen Views auf YouTube, Russland mitgezählt. Als der Vorwahlkampf um die Präsidentschaft 2018 beginnt und sich die Akteure in Stellung bringen, wird das »Selenskyj-Gerücht« genährt durch Popularitätsumfragen – diese sind Tempomacher in der Presse. Der Wahlkampf ist eröffnet. Im Januar 2019 wird Selenskyj in einer ersten Umfrage mit 12 Prozent als Drittplatzierter der bevorstehenden Wahlen genannt. Einen Monat später rückt er mit 25 Prozent der geäußerten Wahlabsichten zum Favoriten auf, vor Poroschenko. Das Geniale an Selenskyj und seinem Team ist, dass sie eine Nicht-Kampagne führen: Der Komiker geht weiterhin seinen Geschäften nach und tritt in Sendungen auf, in denen die Wahl kaum thematisiert wird – und wenn überhaupt, dann nur mit einem Augenzwinkern. Die *Gastroli*, die Konzert-Kabaretts in der Provinz, sind ausverkauft. Im Februar dreht der Schauspieler sogar die dritte Staffel von *Diener des Volkes*. Da für audiovisuelle Medien keine Regulierung existiert, wird sie auf 1 + 1 im März, kurz vor der Wahl, zur besten Sendezeit ausgestrahlt.

Die Staffel drei von *Diener des Volkes* ist wie ein Tontaubenschießen aufgebaut, also: ein Thema aufwerfen und sogleich abschießen. Der fiktive Präsident Holoborodko wurde von der Usurpatorin Jana Borysenko, der Doppelgängerin Julija Timoschenkos, ins Gefängnis geworfen. Die Drehbuchautoren zerreißen das *Establishment* hemmungslos in der Luft. »Das ist Serial-Populismus«, protestiert ein Fernsehkolumnist lautstark. Während dieser Zeit hält Selenskyj keine einzige öffentliche Rede. »Angesichts dessen, was Poroschenko während fünf Jahren gemacht hat, kann ich bloß schweigen«, teilt er einem Diplomaten mit. Drei Monate lang boykottiert Selenskyj eine verärgerte ukrainische Presse. Persönliche Interviews mit ausländischen Journalisten lehnt er systematisch ab.

Selenskyjs Kommunikationsleute mühen sich mittlerweile ab, in den sozialen Netzwerken kurze Videos zu posten. Darin ist der Kandidat zwar weit vom Dorftrottel entfernt, als den ihn die Gegner beschreiben. Dennoch gibt er Banalitäten von sich wie: »Für unsere Kinder wünsche ich mir eine reichere und sauberere Ukraine.« Selenskyj wird so zu einer Art »Captain Obvious« – ein Spitzname, der sowohl auf Ukrainisch als auch auf Russisch für jemanden verwendet wird, der heiße Luft produziert. Er inszeniert sich auf der populären Plattform Instagram, dem eigentlichen Herzen dieser Anti-Kampagne. Dort entdeckt man Selenksyj im Fitnessstudio, im Schwimmbad, im Auto oder bei einer Sitzung. In einem Video erfährt man beiläufig, dass für ihn »das [sehr liberale] estnische Gesellschaftsmodell eine Inspirationsquelle« sei. Im Februar hat der Kandidat 2,7 Millionen Follower, im April 5,4 Millionen. Zum Vergleich: Wladimir Putin folgen auf Instagram weniger als 1 Million Menschen, Emmanuel Macron 1,3 Millionen, Justin Trudeau 2,9 Millionen und Donald Trump nahezu 13 Millionen. »Unsere Herausforderung ist es, die jungen Leute wachzurütteln und dazu zu bringen, an der Wahl teilzunehmen«, erläutert Dmytro Rasumkow, Politologe und Wahlkampfleiter von Selenskyj.

»Viele Ukrainer sind nach fünf Jahren Krieg, nach all den Opfern und der Korruption frustriert«, lautet die Analyse des Politologen Mykhailo Minakow. »Sie lehnen den *Status quo* ab und sehen die Sitcom-Figur, deren Name zu einem politischen Manifest geworden ist, als attraktive Alternative zur harten politischen Realität.« Im März 2019 erklärt sich der Kandidat zu einem Mittagessen mit sechs Korrespondenten ausländischer Medien bereit (*The New York Times*, *The Guardian*, *The Economist*, *Der Spiegel*, *Bloomberg*, zudem einer der beiden Autoren dieses Buches). Eine Stunde lang gibt er – äußerst zuvorkommend – zahlreiche Banalitäten zu wirtschaftlichen und politischen Themen von sich, spricht sich für eine technokratische Präsidentschaft von Experten aus … Doch Wolodymyr Selenskyj ist weitaus interessanter, wenn er über sich selbst spricht. »Ich entschuldige mich im Voraus, aber ich bin ein Produkt. Ich habe meine eigene Produktionsfirma gegründet, Kwartal 95, die mich auch vermarktet. Stars sind heutzutage Produkte«, gibt er offen zu. »Vielleicht meinen die Leute, dass ich und meine TV-Figur ein und dieselbe Person seien. Das ist auch gut so, denn ein Diener des Volkes ist ja das, was wir für unser Land erträumen«, überlegt er laut. »Ob wir die Serie benutzen? Ja, natürlich! Seit fünfzehn Jahren produziere ich Botschaften, ich sehe mich als Profi auf diesem Gebiet, der das auch auf Staatsebene rüberbringen kann.«

Die internationale Presse gerät in Panik, fürchtet, dass ein Clown Präsident werden könnte, wie er in den Schlagzeilen genannt wird – ein Coluche oder ein Beppe Grillo, mit dem ihn die Franzosen und die Italiener vergleichen. »Das ist für mich völlig in Ordnung, ich fühle mich nicht beleidigt«, sagt er lächelnd. Wer sind seine Vorbilder? »Es gibt jemanden, der mir sehr gefällt, und das ist Emmanuel Macron«, bekennt Selenskyj freimütig. »Ich mag [Macron] optisch. Ich habe das Gefühl, dass wir etwas gemeinsam haben. Nicht nur visuelle Aspekte, sondern auch ein Weltbild. Ich würde ihn wirklich sehr gerne treffen ...«

Hinter den Kulissen taucht ein neues Gesicht auf: das von Andriy Bogdan, einem für Ihor Kolomojskyj tätigen Wirtschaftsanwalt. Nach Selenskyjs Wahl wird diese zwielichtige Persönlichkeit der erste Chef des Präsidialamts, eine mit einem Vizepräsidenten vergleichbare Position. In einem Interview mit Kristina Berdynskykh, einer Politik-Journalistin der Wochenzeitung *Nowoe Wremya (NW),* erklärt Andriy Bogdan, die Idee für Selenskyjs Kandidatur sei in Kolomojskyjs Umfeld angesichts des Sitcom-Erfolgs aufgekommen. Was aber, wenn die Absicht bereits dem Entwurf der Serie Pate stand? Auf jeden Fall habe »*Diener des Volkes* den Ukrainern in den zwei Jahren, die es auf Sendung war, Hoffnung vermittelt«, habe ihnen eine Geschichte erzählt, die sie hören wollten. »Selenskyj hat niemandem etwas versprochen, und doch haben alle auf ihn gezählt«, erläutert Andriy Bogdan das Konzept. »Im Allgemeinen basieren alle politischen Prozesse in der Ukraine darauf, dass Strategen der Gesellschaft vorgeben, was sie denken soll. Wir hingegen haben das Gegenteil getan: Wir haben uns umgehört, was die

Leute in ihrer Küche sagen, und haben ihnen dann in der Kampagne gezeigt, was sie im Sinn haben.«

Nun, was wollen die Ukrainer denn? Sie wollen das Land von der Geißel der Korruption befreien, den schädlichen Einfluss der Oligarchen eindämmen und den Krieg beenden, der den Osten der Ukraine zerreißt. Am 31. März erzielt Wolodymyr Selenskyj im ersten Wahlgang 30 Prozent der Stimmen, während der amtierende Präsident Petro Poroschenko 16 und Julija Timoschenko 13 Prozent der Stimmen erhalten. In der Zeit vor dem zweiten Wahlgang muss er sich zu einer Debatte mit seinem Hauptgegner durchringen. Selenskyj funktioniert die Konfrontation kurzerhand in ein Zirkusspektakel um: Er bestellt Petro Poroschenko zu einer öffentlichen Debatte in das 80 000 Zuschauer fassende Kiewer Olympiastadion ein. Alle Mittel sind erlaubt. Unverfroren fordert Selenskyj den Staatschef auf, vor dem Zweikampf einen Bluttest zu machen und zu beweisen, dass er nicht drogenabhängig sei. Poroschenko kuscht. Beide Männer haben ihre Unterstützer zusammengetrommelt. Niemand wird sich an den eher anekdotischen Diskussionsinhalt in der Arena erinnern, alle hingegen an die Umstände, an die ganze Inszenierung. Sobald sich die Kandidaten gegenüberstehen, entwickelt sich die Konfrontation zu Selenskyjs Vorteil: David gegen Goliath. Die Punchlines, die angriffigen Parolen des Schauspielers, treffen gegenüber dem selbstgerechten

Schokoladenmilliardär ins Schwarze. »Ich bin Ihr Verdikt«, wirft Selenskyj Poroschenko an den Kopf. Dieser erstarrt, auch wenn er weiß, dass er verlieren wird: trotz dem Maidan, trotz seines Widerstands gegen Russland, trotz seiner paar Strukturreformen, der Säuberung des Gassektors, der Dezentralisierung ... All das spielt keine Rolle mehr! Die Oligarchie, die Wassyl Holoborodko zerschlagen will, ist in erster Linie jene von Petro Poroschenko. Selenskyj hat die anderen Oligarchen übrigens wochenlang weitgehend verschont ...

Am 21. April 2019 wurde Wolodymyr Selenskyj von 73 Prozent der Ukrainer zum Präsidenten gewählt, vier Jahre nachdem sein Hologramm Wassyl Holoborodko von 67 Prozent der Wähler an die Spitze einer erträumten Ukraine gehievt worden war. Die Realität hat die Fiktion eingeholt. Yaroslav Hrytsak, ein bedeutender Historiker und emeritierter Professor an der Katholischen Universität Lwiw, sorgt sich wegen des Übergreifens der digitalen Welt auf die Realität. Er nennt es einen »Wahl-Maidan«, den er wie folgt umschreibt: »Als Viktor Janukowitsch 2010 gewählt wurde, hatte ich den Eindruck, die Ukraine sei ein von Banditen gekidnapptes Flugzeug. Im Jahr 2019 erscheint sie mir wie ein Raumschiff, dessen Steuerungssystem von Hackern übernommen wurde.«

3

Kwartal 95

Born in the USSR

Inmitten von Krywyj Rih, das kein Stadtzentrum hat, beziehungsweise mehrere, steht ein zwölfstöckiger Gebäuderiegel. Er ist typisch für die Industriemetropolen der Ostukraine, sozusagen die Lokalversion eines Modells, das man an allen Ecken der ehemaligen UdSSR bis hin nach Wladiwostok findet. Der Komplex ist im Stil des sowjetischen Brutalismus erbaut: kubische Formen, die wie farblose Legosteine wirken, rechte Winkel, die von kleinen, gerade aneinandergereihten Fenstern monoton gegliedert werden. Die Außenmaterialien sind denkbar kalt, teils bedecken alte Kacheln in Beige und Braun die Fassade. Das Gebäude ist derart groß und überdimensioniert, dass es den Spitznamen »Ameisenhaufen« erhielt. Wie um den Architekten der 1970er-Jahre eine lange Nase zu drehen, die die Bewohner in den Himmel hoben, um sie als Sowjetbürger dann einfacher auf die tiefste Stufe zu degradieren: jene von Namenlosen, die in der Masse untergehen.

Von den obersten Stockwerken aus sieht man am Horizont die Schornsteine von Kryvorizhstal. Es ist eines der größten Stahlwerke der Welt, in der Ukraine jedenfalls das wichtigste: ein riesiges Konglomerat, das Eisenerz abbaut und zu Stahl verarbeitet. Manchmal ist der ausgespuckte Rauch grau, ein andermal rot oder schwarz. Oder alle drei Farben gleichzeitig. Der Himmel färbt sich dann in wilden Farbstrichen. Expressionistisch. Aus – rein theoretischer – Fürsorge für das Arbeitervolk, das diese Fabriken am Laufen hält, geizten die sowjetischen Stadtplaner nicht mit Plätzen und Grünflächen, die früher wahrscheinlich grüner waren. Öffentliche Plätze, deren Asphalt nun unter der Last der Jahre und durch fehlenden Unterhalt Wellen wirft. Auf einem Schwarz-Weiß-Foto posiert ein kleiner Junge namens Wladimir auf seinem Fahrrad, neben ihm ein blonder Junge aus der Nachbarschaft. Die beiden sind wohl kaum älter als zehn Jahre. Wladimir lächelt verschmitzt – jenes Lächeln, das beim ukrainischen Präsidenten manchmal heute noch aufblitzt: immer auf der Suche nach einem guten Spruch, bereit für einen harmlosen kleinen Streich.

Wolodymyr Selenskyj, der damals noch mit der russischen Variante seines Vornamens angesprochen wurde, kam am 25. Januar 1978 in der grauen, freudlosen Stadt zur Welt, die damals Kriwoi Rog hieß. Er wurde in eine Familie von Wissenschaftlern jüdischer Herkunft hineingeboren. Die frühe Kindheit des Jungen spielte sich in einem dermaßen anonymen Viertel der Schlafstadt ab, dass man es nur nach seiner Nummer benannte: »Kwartal 95« (Viertel 95). Der Stadtteil zwischen der Gagarin-Straße und der Metallarbeiter-Allee war nach den Zerstörungen durch die Nazi-Besatzung in den 1950er-Jahren wieder aufgebaut worden. Wie bei anderen Aufnahmen aus dieser Sepia-Epoche spürt man auch hier, dass Wolodymyrs Eltern ihr Einzelkind verwöhnen: Der Sohn trägt hübsche Kleidung mit leicht westlichem Einschlag, karierte Hemden, sauber verarbeitete Jacken. Er hat sogar schon Turnschuhe! Das verleiht ihm jenen Hauch von bravem Jungen, den man auch in der Figur von Wassyl Holoborodko wiederfindet, dem die Mama noch immer die Hemden bügelt, bevor er für seine Geschichtslektionen ans Gymnasium geht.

Bei den Selenskyjs verströmt alles den Duft einer unauffälligen, ehrlichen und pflichtbewussten sowjetischen Musterfamilie. Rimma Wladimirna Selenska, Wladimirs Mutter, ist ausgebildete Ingenieurin. Sein Vater, Alexander Semjonowitsch Selenskyj, Mathematiker und Doktor der technischen Wissenschaften, ist Professor und Leiter der Abteilung für Informatik und Kybernetik an der staatlichen Universität für Wirtschaft und Technologie in Krywyj Rih. Als anerkannter Experte auf seinem Gebiet arbeitet er zwanzig Jahre lang in der Mongolei, in der Stadt Erdenet, wo er für den Bau einer Kupfergewinnungs- und -verarbeitungsanlage zuständig ist. Wolodymyr verbringt deshalb vier Jahre in Erdenet und kommt dort in die Schule. Dann zieht die Familie nach Krywyj Rih zurück, wo er in die Grundschule Nr. 95 eintritt. Wie jedes nach sowjetischem Vorbild erzogene Kind aus guter Familie geht er einer Vielzahl von Aktivitäten nach. Dazu gehört Ringen im griechisch-römischen Stil und insbesondere Gewichtheben, eine Leidenschaft, die nicht erkalten wird – der derzeitige Präsident postet auf Instagram gerne Selfies aus dem Fitnessstudio. Er sammelt Briefmarken, spielt Klavier, lernt Gesellschaftstänze, spielt Basketball, solange seine geringe Körpergröße kein Handicap darstellt, und beginnt Gitarre zu spielen.

Eine fast perfekte Familie also, in dieser weitgehend konformistischen sowjetischen Gesellschaft. Zu jener Zeit ist es nicht empfehlenswert, seine jüdische Herkunft herauszustreichen: Seit der »Ärzteverschwörung«, einem angeblichen Komplott jüdischer Mediziner, die Stalin ab 1953 verfolgen ließ, ist Antisemitismus fester Bestandteil der Gesellschaft. In der Ukraine unternehmen jüdische Familien, die den Zweiten Weltkrieg überlebt haben, alles, um nicht aufzufallen, sogar ihre Nachnamen passen sie leicht an. »Ich stamme aus einer typischen Familie gebildeter Juden der 1980er-Jahre«, sagt Selenskyj 2020 und fügt an, dass seine Eltern nicht religiös waren, »weil es im sowjetischen Staat an sich keine Religion gab«. Ende März 2019 kommt der französische Schriftsteller Bernard-Henri Lévy nach Kiew, um Wolodymyr Selenskyj zwischen den beiden Präsidentschaftswahlrunden zu treffen. Als der Essayist ihn auf sein Judentum anspricht, will der Kandidat nichts preisgeben. »Die Tatsache, dass ich Jude bin, kommt auf meiner langen Mängelliste frühestens auf Platz zwanzig«, weicht der Komiker aus.

Die Anekdote entfaltet ihre volle Bedeutung, wenn man bedenkt, dass im Jahr 2019 die Ukraine – neben Israel – das einzige Land der Welt ist, das zwei jüdische Führungspersönlichkeiten aufzuweisen hat: den scheidenden Ministerpräsidenten Wolodymyr Hrojsman sowie den neuen Präsidenten Wolodymyr Selenskyj. Die russische Propaganda gegen eine »faschistische Junta«, die im Land am Ruder sei, ist seit 2014 in vollem Gange, und seit Februar 2022 rechtfertigt Wladimir Putin die Invasion des Landes mit der »Notwendigkeit einer Entnazifizierung«. Dabei verschweigt er die Tatsache, dass 2019 ein junger russischsprachiger Ukrainer jüdischer Herkunft von 73 Prozent seiner Landsleute gewählt worden ist, ohne dass seine ethnisch-religiöse Zugehörigkeit auch nur eine Sekunde lang ein Problem dargestellt hätte – nicht einmal in nationalistischen Kreisen.

Auch nach seiner Wahl bleibt Wolodymyr Selenskyj hinsichtlich seiner familiären Identität zurückhaltend, er erwähnt sie nur mit kleinen, impressionistischen Pinselstrichen. Während des großen Vaterländischen Krieges, wie in der UdSSR und in Russland der Verteidigungskrieg von 1941 bis 1945 genannt wird, kämpften sieben Millionen Ukrainer in den Reihen der Sowjetarmee, während knapp 20 000 in die Reihen der Wehrmacht oder der SS eintraten. Die

Ukrainische Aufständische Armee (UPA) von Stepan Bandera, also der bewaffnete Flügel der Organisation Ukrainischer Nationalisten (OUN), kollaborierte mit ihren 100 000 Mann eine Zeit lang mit den Nazis; dann aber wandte sie sich sowohl gegen die Nazis als auch gegen die Sowjets.[4] Der Kreml versucht gerade, die Geschichte dieser komplexen Vergangenheit umzuschreiben. Dem hält Selenskyj eine einfache Familiengeschichte entgegen: Sein Großvater Semjon Selenskyj wurde zweimal mit dem sowjetischen *Orden des Roten Sterns* ausgezeichnet, während sein Urgroßvater und drei seiner Großonkel von den Nazi-Einsatzgruppen[5] durch Kopfschuss getötet wurden.

In den 1980er-Jahren, noch vor der Teenagerzeit des zukünftigen Präsidenten, ging es mit Krywyj Rih bergab. Die Stadt wirkte nur noch wie eine gigantische Ansammlung von Arbeiter-Schlafquartieren, die sich über 67 Kilometer erstrecken: Es ist schlichtweg die längste Stadt Europas! Seit dem 19. Jahrhundert folgte die Ad-hoc-Stadtplanung den Konturen der Minenschächte, die in einem der weltweit größten Eisenerzbecken erschlossen wurden. Krywyj Rih war ursprünglich eine Wirtschaftsansiedlung, die arbeitslose Menschen aus dem gesamten Russischen Reich anzog, und wurde erst in den 1920er-Jahren zu einer Stadt. Ihren Aufschwung verdankte sie Stalins Fünfjahresplänen.

4 Vgl. Serhii Plokhy, *The Gates of Europe*, New York, Basic Books, 2015, S. 282–284.
5 Einsatzgruppen: auch im französischen Original auf Deutsch (A.d.Ü.).

Während der deutschen Besatzung von 1941 bis 1944 wurde sie stark zerstört, erlebte in der Nachkriegszeit aber einen erneuten Aufschwung und wurde zu einem der größten Bergbauzentren der UdSSR, das fast die Hälfte des sowjetischen Eisenerzes abbaute.

In der Südostukraine gibt es zwei blühende Wirtschaftsräume, die soziologisch ähnlich sind: den Donbass mit seinen Kohleminen rund um Donezk sowie den Krywbass rund um Krywyj Rih, der von seinen Eisenminen und der Metallurgie lebt. In der Mitte liegt Saporischschja mit seinen gigantischen Metall- und Automobil-Kombinaten. In diesen dicht besiedelten Proletarierhochburgen haben die Bewohner, als sie von der Landwirtschaft in die Fabriken wechselten, die ukrainische Sprache aufgegeben und bereitwillig die russische Sprache angenommen. In den Großsiedlungen breitet sich die »Zivilisation des roten Menschen« aus, eine russischsprachige Gemeinschaftskultur, die die ukrainische Identität in die Dörfer und Weiler verbannt; dort aber wird das Nationalbewusstsein unter dem bleiernen Sowjetregime diskret von Generation zu Generation weitergegeben.

Eine weitere historische und kulturelle Strömung prägt Krywyj Rih, dieses Grenzland zwischen Mitteleuropa und Russland: die Erinnerung an die Saporoger Kosaken. Diese freiheitsliebenden Krieger und tüchtigen Seefahrer bauten ihre wichtigste Festung, die *Sitsch*, auf einer Insel mitten im reißenden Fluss Dnepr, an der Stelle des modernen

Saporischschja. Etwas weiter westlich errichteten sie am Fluss Inhulez einen Handelsposten, aus dem sich im 18. Jahrhundert dann Krywyj Rih entwickelte. Um der Fronarbeit unter den polnischen Feudalherren zu entgehen, wurden die Kosaken von Bauern zu Söldnern und entwickelten ein ukrainisches Nationalbewusstsein. Dieses hält vor allem den Begriff der Freiheit hoch. Zudem steht es für eine originelle horizontale politische Organisation, die man als vordemokratisch bezeichnen kann. Dank ihr können die einfachen Krieger ihren *Hetman* (Anführer) auf einer *Vische* (Versammlung) absetzen, wenn er sie nicht überzeugt. 1775 unterwirft Zarin Katharina II. die Kosaken, zerstört die *Sitsch* und schafft das *Hetmanat* ab, den ersten vormodernen ukrainischen Staat. Mehr oder weniger bewusst werden die freiheitsliebenden Ukrainer 2014 auf dem Maidan erneut eine *Sitsch* gründen und eine *Vische* veranstalten. Dies bildet den Auftakt zur Absetzung des pro-russischen Präsidenten Viktor Janukowitsch.

Wolodymyr Selenskyjs persönlicher Werdegang beginnt also an einem Ort, wo historische Erinnerungen zusammenfließen, in einem Land der Verwerfungen, wo sich Völker, Kulturen und Sprachen mischen. Er wächst in einem Gebiet auf, das der amerikanische Historiker Timothy Snyder in seinem herausragenden Werk über diesen Teil Europas

»Bloodlands« (Land des Blutes) nennt.[6] Hier prallten zwischen 1933 und 1953 zwei totalitäre Systeme aufeinander: der Stalinismus und der Nationalsozialismus. Die Zentral- und die Südukraine erlebten zwei moderne Dramen, die dem ukrainischen Gedächtnis keine Ruhe lassen. Zunächst einmal den Holodomor[7], die von Stalin 1932 und 1933 absichtlich herbeigeführte Hungersnot. Er wollte damit die Industrialisierung finanzieren, aber auch die ukrainische Bauernschaft – den eigentlichen Ursprung des Nationalbewusstseins – auslöschen. Zwischen vier und sieben Millionen Menschen verhungerten in diesem Zeitraum. Im Land wird der Holodomor als sowjetischer Völkermord bezeichnet, der auch mit einer radikalen Eliminierung der Klasse gebildeter Ukrainer einherging. Dazu kommt noch die Shoah, also die Massenvernichtung durch Erschießen; bei den jüdischen Kindern machten sich die Nazis in Krywyj Rih allerdings nicht einmal die Mühe einer Erschießung, sondern warfen sie lebendig in Minenschächte.

All diese grundlegenden und widersprüchlichen historischen Erfahrungen als Grenzgebiet unterschiedlicher Imperien (der altostslawische Wortstamm *krai* bedeutet »Grenzgebiet, Militärgrenze«) haben dazu geführt, dass die moderne ukrainische Identität pluralistisch ist. Krywyj Rih befindet sich an der Schnittstelle von Welten,

6 Timothy Snyder, *Bloodlands. Europa zwischen Hitler und Stalin*. München, C.H. Beck, 2011 (A.d.Ü.).
7 Holodomor heißt wörtlich »Tötung durch Hunger« (A.d.Ü.).

Zeiten und Einflüssen: Die Stadt liegt irgendwo zwischen dem nach Polen ausgerichteten Zentrum der Ukraine (das früher Russland zugewandt war) und den südlichen Steppen, die vom osmanischen Osten des Schwarzen Meers umspült werden. Historisch betrachtete Moskau die Ukraine als ein «Kleines Russland» (Malorossija). Heute ist Krywyj Rih als zweitgrößte Stadt der Region Dnipro mitten im Herzen dessen, was der Kreml 2014 als Noworossija (Neurussland) ins Auge fasste. Diese Einheit geht auf ein Konzept aus dem 18. Jahrhundert zurück, das die russischsprachigen Gebiete der Ukraine in einer Erweiterung des Reiches zusammenfassen wollte. Die Erweiterung hätte gemäß Konzept nicht nur den Donbass umfasst, sondern auch Charkiw, Dnipro, Saporischschja, Cherson, Mykolajiw und natürlich Odessa. Für Wladimir Putin ist die Kontrolle über diese Gebiete und ihre Seelen unentbehrlich. »Die Grenzen Russlands enden nirgendwo«, erklärte der Kremlchef 2016 vor Geografiestudenten. Für Putin liegt Krywyj Rih in Russland, sind die Ukrainer und die Russen ein und dasselbe Volk, ist Kiew die Mutter aller russischen Städte. Ein zum Mythos hochstilisiertes Konzept, das er wiederaufleben lassen will, notfalls mithilfe von Panzern. Wie in Georgien 2008, im Donbass 2014 und in der ganzen Ukraine seit dem 24. Februar, um Viertel vor sechs in der Früh ...

Ende der 1990er-Jahre ist Wolodymyr Selenskyj von solchen Betrachtungen noch weit entfernt. Der Junge versucht, sich im Dschungel der Schlafstadt durchzusetzen. Seit Mitte der 1980er-Jahre wird die im Niedergang befindliche Industriestadt von einem Bandenkrieg heimgesucht und hat eine der höchsten Kriminalitätsraten im Gebiet der ehemaligen Sowjetunion. In Krywyj Rih tobt der »Krieg der Läufer«, ein stadtspezifisches Phänomen: ungeheuer gewalttätige Auseinandersetzungen zwischen Gruppen nihilistischer Teenager, die mit Schusswaffen, Granaten und Messern Angriffe auf rivalisierende Banden durchführen und dann wegrennen. Innerhalb weniger Jahre werden 28 Teenager getötet und über 2000 verletzt, weil sie zwischen die Fronten dieses Hooligan-Krieges geraten. »Die ›Läufer‹ waren weder Linke noch Rechte, weder Anarchisten noch Neonazis, sie zelebrierten einzig nackte, extremste Gewalt. Krywyj Rih lebte im Zeichen von *Clockwork Orange*«, erzählt der Journalist Samuil Proskurjakow, der aus der Stadt stammt und sich lange mit dem Phänomen beschäftigt hat.

»Krywyj Rih war eine kriminelle, gewalttätige Stadt, und wir selbst sahen damals anders aus, eher wie Rocker«, bestätigt Vadim Pereverziev, ein Jugendfreund Wolodymyr Selenskyjs. »Wowa (russische Verkleinerungsform von Wolodymyr) und ich haben uns im Gymnasium kennengelernt, im Englischunterricht. Wir sind Freunde geworden, als wir zusammen Zigaretten rauchten. Dann gründeten wir eine

Rockband und coverten die Beatles, die Eagles und Kino«, erinnert er sich. In den Jahren nach der Wende klimpert in der Ukraine jeder auf der Gitarre die Hits von Wiktor Zoi, dem Sänger der legendären Band Kino. Sein Lied *Peremen* (Veränderungen) begleitete Ende 2011 in Moskau die großen Bolotnaja-Demonstrationen gegen die Fälschungen bei den Parlamentswahlen; dann wurde es im ganzen ehemaligen Sowjetgebiet zur Protesthymne gegen autoritäre Regime. In diesen Jahren entwickelt Wolodymyr Selenskyj eine fast obsessive Leidenschaft für den kalifornischen Rapper MC Hammer, von dem er sämtliche Lieder auswendig kennt und dessen Mimik und Hüftschwung er übernimmt.

1994 gründen Wolodymyr Selenskyj und Vadim Pereverziev mit ein paar Freunden aus der elften Klasse (letztes Schuljahr vor der Abiturprüfung) eine Amateur-Theatergruppe. »Wie das funktionierte? Wir machten zuerst Brainstormings, dann improvisierten wir zehn Minuten lang Witze über alles und jedes«, erklärt Vadim Pereverziev. »Humor war damals eine Protestform, es waren Jahre tiefgreifender Veränderungen, endlich konnte man Dinge laut sagen, die man in den Sowjetjahren nie zu sagen gewagt hätte.« Singen, tanzen, Witze machen – das volle Leben eben! Wolodymyr Selenskyj und seine Kumpels taufen ihre Truppe »Kwartal 95«, nach dem Viertel, in dem sie aufgewachsen sind. Sie widmen sich dem Humor, um der Gewalt in ihrem Umfeld zu entkommen. Noch wissen sie nicht, dass sie eine der mächtigsten audiovisuellen Gruppen der postsowjetischen Welt gegründet haben, die Selenskyj bis in die Geheimwelten der Macht führen wird.

Lachen auf Russisch

In der kleinen Vierzimmerwohnung des »Ameisenhaufens« also nimmt Wolodymyr Selenskyjs Berufung zum Schauspieler Gestalt an. »Wowa war schon damals ein Anführer, ein Motor, er war derjenige, der die Initiative ergriff. Und vor allem war er schon damals ein Arbeitstier, wie ich es nur selten in meinem Leben sah«, erinnert sich Vadim Pereverziev, der im Jahr 2022 noch immer Drehbuchautor bei Kwartal 95 ist. Die Bande verschiebt sich vom Gymnasium an die juristische Fakultät von Krywyj Rih, investiert aber weit mehr Energie in die Vorstellungen ihrer Truppe als ins Gesetzesstudium. Selenskyj und seine Bande wollen am *KVN* teilnehmen, der berühmtesten Spielshow der Sowjet- und Übergangsjahre, und stellen ein Team auf, das ihre Stadt repräsentiert. Die Gruppe schreibt und probt auf dem alten Sofa im Wohnzimmer der Selenskyjs oder in der kleinen Küche mit den rosa Vorhängen.

Der *KVN*, das Akronym für *Kloub Veselykh i Nakhodtchivykh* (Klub der lustigen und schlagfertigen Leute), wurde 1961 vom Moskauer Fernsehen während der poststalinistischen Tauwetterperiode unter Nikita

Chruschtschow lanciert. Die sowjetische Führung hatte sich damals überzeugen lassen, dass man die Anhänger des aufkommenden Fernsehens ein wenig aufheitern müsse. Das Prinzip war einfach: Teams von Universitäten, insbesondere aus naturwissenschaftlichen Studiengängen, traten gegeneinander an und beantworteten die ihnen gestellten Fragen mit kurzen, improvisierten Comedy-Sketchen. Das Format wird in den 1960er-Jahren zum Renner. Als sich die UdSSR unter Leonid Breschnew und der schwächlichen Führung der Kommunistischen Partei abkapselt, wird der *KVN* 1971 eingestellt, bleibt der Sowjetbevölkerung jedoch in bester Erinnerung. Zu Beginn der Perestroika, jener von Michail Gorbatschow eingeleiteten Periode wirtschaftlicher und sozialer Reformen, wird die Sendung 1986 wieder aufgenommen. Von den baltischen Staaten bis nach Zentralasien haben sämtliche Republiken, wie natürlich auch Russland, ihre eigenen Teams. Nach dem Zerfall der UdSSR im Jahr 1991 bleibt das Programm bestehen. Der Kreml macht sich den Programmerfolg außerhalb der russischen Grenzen zunutze, um eine kulturelle Anziehungskraft aufrechtzuerhalten. Der *KVN* wird zu einem Soft-Power-Instrument, mit dem – über die aufgesplitterten politischen Bindungen hinaus – das Gefühl gefördert werden soll, zur selben Welt zu gehören: zur »russischen Welt«.

1997 gründen Wolodymyr Selenskyj und ein paar weitere Leute ein Team, das sie *Saporischschja-Kriwoi Rog-Transit* nennen; es fusioniert das Team des Staatlichen Medizinischen Instituts Saporischschja mit jenem der *Kriwoi Rog Punks*. Schon bald macht das neue Team Furore und etabliert sich als eines der besten der Ukraine. »1998 wurden wir zur *KVN*-Meisterschaft nach Sotschi eingeladen, um gegen die 300 weltbesten Mannschaften anzutreten, und wir haben alles abgeräumt«, freut sich Vadim Pereverziev noch heute. Vor den aus Moskau angereisten Kameraleuten kämpfen die Jungs aus Krywyj Rih gegen die Stars des *KVN*-Teams aus St. Petersburg. »Wir kamen alle aus einer Arbeiterstadt, waren arme Kids, das sah man allein schon an unseren Kleidern«, fährt Pereverziev fort. »Ich glaube, wir waren die Besten, jedenfalls war Wowa [Selenskyj] der Beste.« Der Letztere ist nicht wirklich der Chef von *Saporischschja-Kriwoi Rog-Transit*. Doch bald schon stellt er eine Mannschaft zusammen, in der er der Leader ist und die wiederum den Namen *Kwartal 95* trägt. Unter Kapitän Selenskyj steigt die fidele Bande aus Krywyj Rih in die höchste Liga des TV-Wettbewerbs auf, dessen Spiele in Divisionen organisiert sind, ähnlich wie Fußballmeisterschaften.

Im Jahr 2002 erreichte *Kwartal 95* das Halbfinale des großen *KVN*-Wettbewerbs. Selenskyj und seine Kumpels wohnen für einige Zeit in einer Wohnung in Moskau und werden in den meisten Ländern der Gemeinschaft Unabhängiger Staaten (GUS) berühmt. Bei dieser Gemeinschaft handelt es sich um eine zwischenstaatliche politische Organisation, dank der der Kreml einen Anschein von Einheitlichkeit innerhalb der ehemaligen Sowjetrepubliken zu schaffen hoffte. Der *KVN* ist also sozusagen die *GUS des Lachens*. Projekte gibt es in Hülle und Fülle, doch 2003 entscheidet das Kwartal-95-Team, sie in Kiew weiterzuführen, wo sich eine von Moskau unabhängige audiovisuelle Szene zu entwickeln beginnt. *Kwartal 95* macht sich daran, die ukrainische Hauptstadt zu erobern. Auf diesem Weg vergisst Wolodymyr Selenskyj, sein Jurastudium abzuschließen, er wird nicht Anwalt, wie er es sich vorgestellt hatte. Doch bald schon wird sein Talent als gewiefter Geschäftsmann zum Tragen kommen.

Bei seinen ersten Auftritten im russischen Fernsehen zeigte Selenskyj bereits eine vielversprechende Tanzbegabung – vor allem aber ein angeborenes Talent fürs Blödeln. Der Sketch aus dem Jahr 2001 mit dem Titel *Der zum Tanzen geborene Mann* bleibt unvergessen: Der zukünftige Präsident reiht darin Twist-Hüftschwünge, French-Cancan-Schritte, Kniefälle im Schwanensee-Stil und Schritte aus traditionellen kaukasischen Tänzen aneinander. Eine wahre Performance in rasendem Tempo, die er – in enger Lederhose und einem knappen schwarzen T-Shirt – mit Bravour hinlegt. Das Publikum im *KVN*-Studio jubelt.

Die Damen verstecken ihr Kichern im Nacken ihrer Ehemänner, die sich ihrerseits auf die Schenkel klopfen.

Doch der »zum Tanzen geborene Mann« zögert auch nicht, das Niveau seiner Witze unter die Gürtellinie zu senken, und verstößt damit gegen die etwas starren Gepflogenheiten und Gewohnheiten des *KVN*. In solchen Fällen erweist sich die im Schritt enganliegende Lederhose meist als nützlich. Während seiner gesamten Komikerkarriere, sowohl beim *KVN* als auch in späteren Projekten, geizt Wolodymyr Selenskyj nicht mit schlüpfrigem Humor: herunterrutschende Hosen, anzügliche Lendenbewegungen, versehentliche Po-Stupser. Einmal interpretiert Selenskyj, halb hinter einem Klavier versteckt, die Figur eines traditionellen Juden mit runtergelassenen Hosen und erhobenen Händen. Natürlich sind sexuelle Bezüge keine Besonderheit dieser einen Weltgegend, aber zu dieser Zeit sind sie ein Code, den die russische Populärkultur und die Menschen in der postsowjetischen Ukraine teilen. Es sind Welten, die sich noch kaum voneinander unterscheiden. Beide Länder schauen dieselben TV-Programme, so etwa *Pole Tschudes* (Das Wunderfeld – ein Pendant zur Spielshow *Glücksrad*), schauen dieselben Filme, hören denselben Rock, allen voran jenen der Gruppe Kino, hören denselben Pop, nämlich *Estradnaja Musika (*Musik von der Bühne*).*

Für Wladimir Putin ist der Zusammenbruch der UdSSR »die größte geopolitische Katastrophe des 20. Jahrhunderts«, und jedes Mittel ist recht, um das Imperium wieder aufzubauen. Der ehemalige KGB-Agent aus Dresden ist nicht gerade bekannt für seinen Sinn für Humor. Doch es ist kein Zufall, dass er sich 2011 persönlich ins Studio des wichtigsten russischen Fernsehsenders begibt, um das 50-jährige Bestehen der Sendung zu feiern. Dank dem *KVN* ist Moskau nach wie vor *der* Ort für Komikertruppen aus den nunmehr unabhängigen Republiken, die Erfolg, Glitzer und lukrative Verträge suchen. Das *KVN*-Universum ist für Moskau ein Mittel, um seine geopolitische Sicht zu projizieren und sie in den Köpfen von Millionen von Bürgern der postsowjetischen Republiken als Tatsache zu verankern.

So gewinnt 2004 die Gruppe der staatlichen Universität von Suchumi, der Hauptstadt Abchasiens, den Wettbewerb haushoch. Die nicht anerkannte Republik Abchasien hatte sich 1993 mit russischer Militärunterstützung von Georgien abgespalten. Um den Abchasen den Sieg zu sichern, stellte die *KVN*-Leitung ihnen ihre besten Drehbuchautoren zur Verfügung. Zur gleichen Zeit beginnt der Kreml, russische Pässe an die Bewohner der Provinz am Schwarzen Meer zu verteilen, um den Boden für eine zukünftige Aggression gegen Georgien vorzubereiten. In den Augen Moskaus ist das Fernsehen eine Waffe, mit der politische Ziele erreicht werden können. Dies werden die Ereignisse im Donbass im Jahr 2014 beweisen – ebenso wie die Gehirnwäsche, die das russische Bewusstsein auf die Invasion der Ukraine im Februar 2022 vorbereitete.

Die DNA des Humors von Selenskyj und von *Kwartal 95* ist stark von Moskau inspiriert, sie ist dessen Codes und kulturellen Bezügen verhaftet. Die Produzenten, die Selenskyj und weitere Komiker fördern, sind entweder Russen oder aber Ukrainer, die in Moskauer Studios arbeiten oder für russische Sender tätig sind. In den 2000er-Jahren verbreitet sich in Kiew der Gebrauch der ukrainischen Sprache, ein anderer kultureller Bezugspunkt ist im Entstehen begriffen. Humor gibt es auch in ukrainischer Sprache, allerdings ist er ein bisschen gesitteter, lyrischer und näher an der Welt der Literatur. Das Lachen ist ebenfalls eine politische Waffe, und die Witze von Selenskyj und den *KVN*-Avataren beginnen, die gebildete Jugend der Ukraine zu irritieren. Sie sehnt sich nach anderen Vorbildern. »Selenskyj war der, den ich mit meinen Eltern auf der Familiencouch anschaute, wenn ich am Wochenende nach Hause kam. Damals war es ansprechend und subversiv«, sagt Ilya Kozyrev, ein fünfunddreißigjähriger Informatiker. »Aber mit der Zeit sank das Niveau der Sketche, und irgendwann wurde es richtig vulgär.« Unweigerlich beginnt das Durchschnittsalter der *Kwartal-95*-Zuschauer anzusteigen. Die Jugendlichen der 1990er-Jahre bekommen erste weiße Haare, schätzen aber die lustigen Typen noch immer, die sie an die guten alten Zeiten erinnern.

Kwartal 95 bringt regelmäßig Sketche, die für Skandale sorgen, etwa in Kiewer oder Lwiwer Kreisen, in denen mit der ukrainischen Identität nicht zu spaßen ist. So wird ein Teil der Öffentlichkeit dem Team von Selenskyj einen fragwürdigen Witz über den Holodomor nie verzeihen. Oder jenen, als es eines Tages die Ukraine mit einer deutschen Pornodarstellerin verglich. Oder jenen im Dezember 2013, kurz nachdem die Berkut (Polizeisondereinheiten unter dem Kommando von Präsident Viktor Janukowitsch) zu Beginn der Maidan-Bewegung Hunderte von Studenten brutal zusammengeschlagen hatte: Damals fragten sich die Spaßvögel, ob es wohl Elektrizität erzeuge, wenn man die Polizeischlagstöcke am Rücken der Demonstranten reibe.

Selenskyj ist vor allem das Produkt einer bestimmten Zeit in einem bestimmten Raum: jenes der 1990er- und 2000er-Jahre in der Südostukraine. Damals sind die Verbindungen mit den russischen Nachbarn noch sehr stark, und die russischsprachige Ostukraine hat Mühe, mit der ukrainischsprachigen Westukraine zu kommunizieren. Es gibt viele binationale russisch-ukrainische Familien, wirtschaftlich sind die beiden Märkte stark vernetzt, und Russland und seine politischen Berater üben in Kiew noch immer großen Einfluss aus. Hie und da wird Selenskyj sich für eine Entgleisung entschuldigen. Aber in den Jahren nach der Maidan-Revolution wird ihm ein Teil der öffentlichen Meinung, der konservativ oder euro-liberal ausgerichtet ist, seine Exzesse nicht verzeihen. Es handelt sich um den gleichen Teil, der die Idee ablehnen wird, einen pro-russischen Clown zum Präsidenten zu haben.

Dennoch war der Humor von *Kwartal 95* nie wirklich pro-russisch: Es gab sehr viele Sketche, die sich über Russland lustig machten. Vor den russischen Präsidentschaftswahlen 2018 erklärten die Komiker, »die einzige Spannung bestehe darin, ob Putin 2018 mehr Stimmen bekomme als Putin 2012«. In der Ukraine zeichnet sich das Fernsehen seit der Unabhängigkeit durch einen ausgeprägten Pluralismus sowie durch eine Redefreiheit aus, die nichts mit Russlands Modell seit Wladimir Putins Wahl zu tun hat. Die beiden Gesellschaften driften von nun an nachhaltig auseinander. Doch Wolodymyr Selenskyj ging aus einer Welt hervor, in der die beiden Länder über Bildschirme und Theatersäle miteinander kommunizieren: Selenskyjs Popstar-Freunde touren in Minsk, Moskau und St. Petersburg und treten im Sommer in den Strandclubs der Krim auf. Im Jahr 2014, nach der Annexion der Halbinsel durch grüne Männchen, sprich russische Soldaten ohne Feldzeichen, und während im Donbass die Vorzeichen einer Tragödie sichtbar werden, sieht man Wolodymyr Selenskyj in einer verblüffenden Szene: Am Fernsehen erklärt er sich bereit, Wladimir Putin auf Knien anzuflehen, die Ukraine nicht anzugreifen. Diese Absichtserklärung bleibt in den Köpfen haften und wird immer wieder auftauchen, insbesondere, bevor die beiden Männer sich im Dezember 2019 zum ersten Mal treffen …

Der Bruch

Wir schreiben den 27. März 2022. Die Ukraine leistet seit über einem Monat erbitterten Widerstand gegen die russische Invasion. Präsident Wolodymyr Selenskyj gibt fünf renommierten russischen Journalisten, die der Opposition angehören und seit einigen Wochen im Exil leben, ein langes Interview über Zoom. Selenskyj wendet sich nun nicht mehr an die Bürger des Nachbarlandes, um Witze zu machen. Sondern er spricht als Oberbefehlshaber der Armee eines Landes, das sich im Krieg befindet. Er trägt ein mittlerweile zur Ikone gewordenes khakifarbenes T-Shirt und einen Mehrtagebart. Seine Haut ist fahl, er hat tiefe Augenringe. Ab und zu legt er seinen Kopf in die Hände, beantwortet aber weiterhin Fragen. Das anderthalbstündige Gespräch wird auf Russisch geführt, seine Muttersprache. Trotz einer schlaflosen Nacht macht er keine Satzbaufehler, seine Wortwahl ist präzise.

An einigen Stellen jedoch sucht der russischsprachige Mann aus Krywyj Rih nach Worten. Als er über die humanitäre Katastrophe spricht, die in Mariupol im Gange ist, kommt ihm das russische Wort für »Medikament« nicht in den Sinn. »Liky … *Liky* … Wie heißt das schon wieder?«, fragt er seinen Sprecher außerhalb des Kamerafeldes. »*Lekartsvo*«, flüstert dieser ihm zu. Das Zögern wirft Fragen auf: Wie konnte Selenskyj ein so einfaches russisches Wort vergessen? Will der Schauspieler dem russischen Publikum vermitteln, dass er ihm nun fremd sei? Ist der Präsident aufgrund des Kriegszustandes einfach erschöpft? Eine angesehene ukrainische Politikjournalistin sagt auf Anfrage, dass Selenskyj nicht spiele; er sei jetzt ein hundertprozentiger Ukrainer und spreche den ganzen Tag lang ukrainisch. Wir schreiben nicht mehr das Jahr 2019, als sich der Kandidat während des Wahlkampfs im Fitnessstudio filmte und dabei über die komplizierteren Wörter der ukrainischen Sprache stolperte.

Seit er Präsident ist, spricht Wolodymyr Selenskyj in der Öffentlichkeit nur noch ukrainisch und gibt der offiziellen Landessprache den Vorrang, außer wenn er sich – in sehr seltenen Fällen – an das russische Volk wenden will. Dabei beherrschte er die Landessprache bis 2019 nur unvollständig, was in gebildeten Kreisen sarkastische Reaktionen auslöste. Natürlich hat Selenskyj in der Schule Nr. 95 Ukrainisch gelernt, aber seine Familie und sein berufliches Umfeld sind russischsprachig. Als Dreharbeiten auf Ukrainisch anstanden, nahm er beim Sprachwissenschaftler Oleksandr Avramenko Privatunterricht. Dieser erinnert sich an einen undisziplinierten Schüler, den er während zwei Jahren in die Grammatik des Nationaldichters Taras Schewtschenko einführen musste. Die Lektionen fanden auf dem Dachgarten statt, auf dem Tisch stand ein Teller mit Kirschen. Selenskyj schwänzte regelmäßig und gab manchmal mehrere Monate lang kein Lebenszeichen von sich.

Im Dezember 2018 bringt Kwartal 95 Wolodymyr Selenskyjs neuen Film *Ich, du, er, sie* in die Kinos, eine romantische Komödie, zum ersten Mal mit finanzieller Unterstützung der argwöhnischen Ukrainischen Nationalen Filmagentur (Derjkino). Diese verlangt von den Produzenten, dass sie die Landessprache verwenden. Selenskyj nimmt das Geld, dreht den Film jedoch auf Russisch und synchronisiert ihn in einem unverständlichen Ukrainisch. Die Kritiker zeigen sich entsetzt über die Dialoge, Selenskyj hält sich bedeckt. Doch der Film – Produzent: Wolodymyr Selenskyj, Regie: Wolodymyr Selenskyj, Hauptrolle: Wolodymyr Selenskyj – wird zu einem der rentabelsten Filme der ukrainischen Kinogeschichte.

Die russische Propaganda beschreibt die Ukraine als ein unterdrückerisches Regime, das russisch sprechen verbiete und gegenüber den Menschen im Donbass eine »völkermörderische« Politik betreibe. Nichts könnte falscher sein. Verschiedene soziologische Untersuchungen zeigen, dass etwa die Hälfte der Einwohner zu Hause ukrainisch spricht, ein Viertel sowohl ukrainisch als auch russisch und ein Viertel ausschließlich russisch. Innerhalb von dreißig Jahren ist die Zahl der Ukrainischsprachigen um 30 Prozent gestiegen. Es besteht ein großes Bedürfnis nach Förderung dieser Sprache, was den Staat 2021 dazu veranlasst hat, sie den Printmedien vorzuschreiben – dies aber, ohne das Russische zu verbieten, das überall im Land und insbesondere in Kiew zu hören ist.

Dennoch instrumentalisiert Moskau die Sprachenfrage immer wieder und stilisiert sie zu einem *Casus Belli* hoch. Tatsächlich ist die Sprache und ihr Platz im öffentlichen Leben in der Ukraine, wie auch in anderen Teilen Europas, ein heiß diskutiertes Thema. Sie ist aber keinesfalls ein maßgeblicher Faktor für ethnische oder nationale Konflikte. Im Jahr 2022 äußert Wladimir Putin die Ansicht, dass ein etwaiges Abkommen zur Beendigung des russisch-ukrainischen Krieges eine »Schutzklausel« für die russische Sprache in der Ukraine beinhalten müsse. Am 27. März antwortet ihm Selenskyj auf Russisch schlagfertig: »In der Ukraine sprechen wir alle, wie wir wollen, in welcher Sprache auch immer. Hören Sie auf mit dem Geplänkel. Wenn Sie eine russische Schule wollen, falls jemand die Schule auf Russisch absolvieren will, dann eröffnen Sie bitte eine Privatschule. Aber unter folgender Bedingung: Sie eröffnen sie mit uns, wir eröffnen sie mit Ihnen. Welche Haltung wollen wir der russischen Sprache gegenüber? Es ist *Ihre* Sprache, die offizielle Sprache der *Russischen Föderation*, alles muss korrekt dargestellt werden. Respektieren Sie uns und respektieren Sie unsere Landessprache, das Ukrainische, das ist schon alles. Es ist nicht nötig, dass Sie sagen, es sei die Sprache der Analphabeten.«

Für den Kreml ist die Sprachenfrage natürlich nur ein Vorwand. Das Grundproblem ist Wladimir Putins Weigerung, der Ukraine ihr Recht auf eine Existenz als Nationalstaat zuzugestehen. Dies, obwohl das Land dreißig Jahre nach seiner Unabhängigkeit zum ersten Mal von einer Generation regiert wird, die die Sowjetunion nicht mehr erlebt hat. Obwohl das Land versucht, ein alle einschließendes Staatsbürgerschaftsmodell zu schaffen, das über ethnische oder sprachliche Zugehörigkeiten hinausgeht. Obwohl das Land versucht, bürgerliche Werte und einen verfassungstreuen Patriotismus zu einem Modell zu verschmelzen, das von europäischen Werten inspiriert ist. Die Ukrainer dagegen lehnen das russische Modell großmehrheitlich ab, seinen Autoritarismus, die Überwachung der Bevölkerung und die ständige Propaganda. Am 22. Februar 2022 hält Wladimir Putin eine unerhört aggressive Rede, die den Krieg einleitet. Darin leugnet er die Existenz der Ukraine, die er als eine Erfindung Lenins bezeichnet. Er ruft dazu auf, die ukrainische Frage für die kommenden Generationen zu lösen. Es geht nicht mehr um Sprache, sondern um nichts anderes als das Auslöschen einer Nation auf der Landkarte Europas.

Der grundlegende Irrtum der russischen Machthaber: Sie setzen die Tatsache, dass in einem Land russisch gesprochen wird, mit Russenfreundlichkeit oder sogar mit einer Zugehörigkeit zur russischen Nation gleich. Der verblendete Kreml sieht nicht, dass die Ukraine das im höchsten Grad zweisprachige[8] Land Europas ist. Was rund um die Maidan-Revolution 2014 nur wenig Beachtung fand: In der Jugend der östlichen Ukraine weckte sie das Bewusstsein für die ukrainische Identität. Die jungen Leute schlossen sich in Scharen dem Prinzip einer geeinten Ukraine an – in manchen Fällen sogar dann, wenn die eigenen Großeltern in Donezk oder Mariupol Nostalgie für die Sowjetzeit empfinden.

Als Putin 2014 den Krieg in den Donbass brachte, verstärkte er damit das ukrainische Nationalgefühl. Es äußerte sich im ausgeprägten Streben nach Freiheit, unabhängig von der eigenen Lebensplanung, wie auch im Willen, anhand des europäischen Entwicklungsmodells den eigenen Alltag zu verbessern, und zwar über die vermeintlichen Sprachbarrieren hinweg. Dies erklärt zumindest teilweise die Szenen, die die Europäer im März 2022 fassungslos mitverfolgten: Mutige Einwohner von Cherson oder Melitopol im Südosten der Ukraine wagten es, in ihren Städten in Massen zusammenzuströmen – nicht um die russischen Soldaten mit Blumen zu begrüßen, sondern um ihnen entgegenzuschleudern: »Domoi, domoi! Slawa Ukraini!« (Geht nach Hause, geht nach Hause! Ruhm der Ukraine!)

8 Im grundsätzlich zweisprachigen Land verstehen und sprechen die meisten Menschen beide Sprachen und wechseln problemlos zwischen ihnen, vgl. auch Seite 5. (A.d.Ü.)

Für Wolodymyr Selenskyj ist es ein tiefgreifender Bruch. »Seit dem 24. Februar haben sich unsere Beziehungen zur Russischen Föderation sehr stark verschlechtert, die emotionale Verbindung mit dem russischen Volk ist verloren gegangen – ja, sogar die mit dem Volk«, räumt er gegenüber den fünf russischen Journalisten während der schon erwähnten Zoom-Konferenz vom 27. März 2022 ein. Seit Ausbruch des Krieges sitzt der gefühlsmäßige Schock so tief, dass Erwachsene, die von Kindsbeinen an russisch gesprochen haben, sich von einem Tag auf den anderen nicht mehr in der Sprache des Aggressors äußern. Bei Leuten wie Wolodymyr Selenskyj handelt es sich persönlich um einen wahrhaften Wendepunkt: Er, der so viele Verbindungen zu Russland hatte, bricht alle Brücken ab. 2004 noch waren die Mitarbeiter von Kwartal 95 im Büro aneinandergeraten, weil die eine Hälfte die proeuropäische »Orange Revolution« unterstützte, die andere eher die pro-russische Seite von Janukowitsch. 2014 war die Sache bereits entschieden: »Inzwischen waren wir alle zu Kiew-Befürwortern geworden, und als Ende 2013 die Revolution ausbrach, waren alle von uns für den Maidan-Aufstand«, erzählt ein enger Vertrauter des Präsidenten. Selenskyj selbst schien damals wenig involviert in den Maidan-Aufstand, er schien eine kritische Distanz zu wahren, als ob ihn der Idealismus und die gewalttätigen Folgen der »Revolution der Würde« schockierten.

»Es wird keinen Maidan mehr brauchen – das ist es, was ihr wollt«, wird er die Ereignisse des Öftern zusammenfassen.

Aber Russland ist zu weit gegangen und hat auch die letzten Ukrainer gegen sich aufgebracht, die es noch mit verklärtem Blick sahen. »Als 2014 in den russischsprachigen Gebieten des Territoriums alles seinen Anfang nahm, hofften wir, dass es [bald] aufhören werde, dass es sich nur um ein Missverständnis handle«, erklärt Selenskyj den russischen Journalisten am 27. März 2022. »Das war mein Verständnis der Dinge. Als ich Präsident wurde, begriff ich, dass man alles unternehmen musste, um den Krieg zu beenden. Aber heute ist es mehr als ein Krieg: Ja, ich bin tief enttäuscht über das Ausmaß der Kriegsunterstützung innerhalb der russischen Bevölkerung. Ja, es findet eine Gehirnwäsche statt. Aber seien wir ehrlich: Das sind Ausreden. Denn dies alles geschieht nicht aufgrund eines einzelnen Ereignisses. Sondern das geht hier schon seit acht Jahren so.«

Der russisch-ukrainische Krieg von 2022 ist vor allem eine Tragödie und eine große historische Auseinandersetzung ersten Ranges: Wird Russland seine imperiale Ausdehnung wiedererlangen, indem es seine Vorherrschaft auf die Nachbarländer ausdehnt? Oder wird sich die Ukraine als jüngster Nationalstaat Europas behaupten, indem sie sich von der ehemaligen russischen Kolonialmacht abwendet und das Modell des europäischen Rechtsstaats übernimmt, um ihrer Bevölkerung den wirtschaftlichen und sozialen Fortschritt zu garantieren? Eine Lösung könnte von Wolodymyr Selenskyj kommen, einem jungen Mann, der in der UdSSR geboren wurde und der vorerst die »russische Welt« einsog. Als Kind erlebte er die Perestroika, war erst dreizehn Jahre alt beim Zerfall der UdSSR und erreichte das Erwachsenenalter in einer unabhängigen Ukraine. Mit 44 Jahren ist Wolodymyr Selenskyj nun das Symbol des ukrainischen Wendepunkts.

1978 im Stadtteil Kwartal 95 in der Stadt Krywyj Rih geboren zu sein, heißt, in einer geografischen und bewusstseinsmäßigen Zwischenwelt aufgewachsen zu sein. Heißt, Erinnerungen und Erfahrungen mit den Russen zu teilen und gleichzeitig eine ukrainische Identität zu beanspruchen. Heißt, im eigenen Land zu regieren und für Freiheit zu sorgen und sich dabei auf die Kosaken-Herkunft zu berufen, wie es in der ukrainischen Nationalhymne so treffend heißt. Acht Jahre nach der Maidan-Revolution ist Wolodymyr Selenskyj vielleicht der Leader, der sein Land in eine neue historische Dimension führt.

4

Das Verhältnis zu den Oligarchen

Nächtliche Besucher

14. November 2018. Ein paar Monate noch ist Petro Poroschenko im Amt. Auf den Anhöhen von Lipki, wo sich die Zentren der ukrainischen Macht befinden, ist es schon später Abend, als ein schwarzer Mercedes in die Seiteneinfahrt des Präsidialamts einbiegt. Die unauffällige Zufahrt führt durch einen Torbogen unter einem verfallenen Gebäude hindurch, vorbei an schlecht gestrichenen Strommasten, gelben Gasrohren und Gehwegen, die so ausgetreten sind, dass ihre Unebenheiten und Schlaglöcher fast schon wieder charmant wirken. Auf demselben Weg werden Besucher im Kriegsjahr 2022 in den Palast gelangen.

In einem ersten Hinterhof zeichnet sich die Silhouette eines Mannes ab. Mit einem Stapel Akten unter dem Arm und in Begleitung eines Leibwächters steigt er aus der Luxuslimousine und stürzt sich dann in ein anderes Fahrzeug, einen Lexus SUV, wie man ihn bei reichen Ukrainern häufig sieht, der ohne kontrolliert zu werden in einen zweiten Hof einfährt. Willkommen in der Bankowa, der Verwaltung des ukrainischen Präsidenten, in der Bankowa-Straße 11. Der Haupteingang liegt allerdings auf der anderen Seite, in einer hübschen autofreien Straße, zu der Besucher keinen Zutritt haben. Wolodymyr Selenskyj wird ihn am Tag nach seiner Wahl wieder öffnen.

Der Präsidentenpalast in der Bankowa-Straße ist ein massives Gebäude im klassischen sowjetischen Stil mit einem eindrucksvollen weißen Portikus, das 1936–1939 für die Hauptverwaltung des Militärbezirks Kiew errichtet wurde. Bei Gründung der UdSSR etablierten die Bolschewiki die Hauptverwaltung der Ukrainischen Sozialistischen Republik in Charkiw, doch 1934 wurde die Hauptstadt nach Kiew verlegt, dessen vornehme Viertel mit monumentalen Gebäuden aus der frühen Stalinzeit auch heute noch die Kulisse für die Macht bilden.

Zweieinhalb Stunden später fährt der SUV weg. Journalisten finden heraus, dass sein Kennzeichen in Wirklichkeit zu einem Skoda Fabia gehört, einem typischen Mittelklassewagen. In ukrainischen Regierungskreisen verbirgt man also die Identität von Fahrzeugen, um neugierigen Kameras zu entgehen. Der SUV gleitet in die Straße und parkt in der Nähe des Palastes. Ein Schwarm zwielichtiger Typen in schwarzen Anzügen kreist um den Wagen, den Finger am Ohrstöpsel. Eine halbe Stunde später verlässt auch der schwarze Mercedes die Bankowa, Vorhänge im Wagenfond versperren den Blick auf die Insassen.

Wie die Kutsche eines Aristokraten, der im 18. Jahrhundert nach der Audienz mit einem Berater des Königs den Palast verlässt, rollt der

Mercedes neben den SUV und entfernt sich dann, im Schlepptau eine ganze Fahrzeugkolonne, natürlich alle in Schwarz. Die Szene wird von Journalisten des Magazins *Schemes* gefilmt, einer Enthüllungssendung des ukrainischen Büros des US-amerikanischen Medienunternehmens Radio Free Europe (RFE/RL). Deren Starjournalist ist kein anderer als Mykhailo Tkach, ein Blondschopf im Rollkragenpullover und dem Look eines Mönchssoldaten, der im Laufe seiner Ermittlungen zum Schreckgespenst aller dubiosen Politiker und Oligarchen geworden ist. Mykhailo Tkach hat sich auf nächtliche Beschattungsfahrten spezialisiert, was ihm später einige Sorgen und Wortgefechte mit einem gewissen Wolodymyr Selenskyj einbringen wird ...

Inzwischen haben Tkach und seine Spürnasen von *Schemes* den umsichtigen abendlichen Besucher identifiziert: Wadym Stolar, ein ehemaliges Parteimitglied der PR *(Partei der Regionen)*, der pro-russischen Formation des ehemaligen Präsidenten Viktor Janukowitsch. Eigentlich müsste Wadym Stolar zum feindlichen Lager von Petro Poroschenko gehören, aber die Sache ist so: Er ist ein Tycoon der Baubranche, da braucht man politisches Fingerspitzengefühl, wenn man es zu etwas bringen will. Vier Jahre nach der Maidan-Revolution empfängt der Präsident, der aus der Volksbewegung zur Reformierung des Landes hervorgegangen ist, mitten in der Nacht also einen Abgeordneten, der im Januar 2014 diktatorische Gesetze verabschiedet hat, die wenige

Wochen später zu Repressionen führten, bei denen rund 100 Demonstranten getötet wurden. An solche Inkonsequenzen sind die Ukrainer gewöhnt, sie verstärken ihre tief sitzende Abneigung gegen die politische Klasse, die den Nährboden für Revolutionen bildet.

Und damit sind wir auch schon mitten drin in den Machenschaften und unzähligen Doppelbödigkeiten der Oligarchie des Landes. Präsident Poroschenko ist selbst ein Oligarch, obwohl er im Mai 2014 gewählt wurde, indem er im Wahlkampf auf dem Programm der Maidan-Revolutionäre surfte: jene Personen aus der Verwaltung entfernen, die sich mit dem autoritären, völlig korrupten Regime von Viktor Janukowitsch kompromittiert haben, die pro-russischen Kräfte gnadenlos bekämpfen und das Land »entoligarchisieren«. Vier Jahre später ist es Poroschenko absolut nicht peinlich, mit jemandem zu diskutieren, der so viel Dreck am Stecken hat wie Wadym Stolar. Poroschenko bestreitet zwar, dass dieses Treffen am 14. November 2018 stattgefunden habe, aber nach vier Jahren gilt das Wort des Oligarchen nicht mehr viel: Viele Ukrainer (und westliche Diplomaten) glauben ihm nicht mehr. Poroschenko weigert sich schlichtweg preiszugeben, wen Stolar an diesem Abend getroffen hat.

Die Redaktion von *Schemes* versuchte monatelang vergeblich, Einblick in das Besucherverzeichnis des Büros des Staatsoberhaupts zu erhalten, das eigentlich öffentlich sein sollte. Das ist es auch, aber mit Ausnahme von Besuchen am Abend ... »Seit dreißig Jahren hat der Tagesablauf des ukrainischen Präsidenten zwei Bereiche«, erklärt uns ein ehemaliger Berater der Präsidenten Wiktor Juschtschenko (2005–2010) und Petro Poroschenko (2014–2019). »Es gibt Termine tagsüber, die im offiziellen Besucherregister eingetragen werden, z. B. Abgeordnete, Vertreter verschiedener Organisationen, Unternehmer und dergleichen. Sie gehen durch den Haupteingang der Bankowa, wo jedermann sie sehen kann. Und dann gibt es noch die Besucher am späten Abend: Oligarchen, die auf ein Schwätzchen vorbeikommen und um zu verhandeln.«

Nach Auffassung dieser Informationsquelle, die mit den Geheimnissen des ukrainischen Machtzentrums vertraut ist, »sollte man diese Dinge nicht nur durch die moralische Brille betrachten«. Sie meint: »Hier handelt es sich primär um politische Machtverhältnisse, mit denen sich das Staatsoberhaupt arrangieren muss. Wenn Rinat Achmetow oder Viktor Pintschuk oder ihre Handlanger im Büro des Präsidenten aufkreuzen, sagen sie ihm, wie ich es mit eigenen Ohren gehört habe: ›Wenn du mir nicht das eine oder andere Steuergeschenk machst, wenn du nicht dieses Gesetz novellierst oder jenen Erlass unterschreibst, entfessle ich eine Pressekampagne gegen dich, meine Medien werden dich in den Dreck ziehen und ich entlasse ein paar Tausend Leute aus meinen Unternehmen. Und der Präsident wird die Konsequenzen tragen müssen.‹« So sieht die ukrainische Demokratie in Wirklichkeit aus: Es herrscht ein harter Wettbewerb, sie ist vital, aber vergiftet durch Bestechung und faule Kompromisse. Genau diese Funktionsweise zeigt die Serie *Diener des Volkes* auf, wenn auch manche den Verdacht hegen, dass ihr Geldgeber selbst nach diesem Muster vorgeht.

In dieser Machtarchitektur spielt ein Mann eine entscheidende Rolle: der Chef des Präsidialamts, der zu Beginn der Selenskyj-Ära in »Bürochef des Präsidenten« umbenannt wurde. Der Chef des Präsidialamts, die rechte Hand des Präsidenten, sozusagen eine Art Vizepräsident (vor allem unter Selenskyj), ist üblicherweise ein Mann, der eng mit dem oligarchischen Milieu vertraut ist oder sogar selbst ein Oligarch ist. Leonid Kutschma (1994–2005) besetzte diese Schlüsselposition mit Vertretern seines Dnipropetrowsker Clans. Viktor Janukowitsch (2010–2014) setzte Andrij Kljujew ein, einen Multimillionär aus Donezk und Vertrauten von Rinat Achmetow, dem König des Donbass. Dessen Vermögen erreichte im Jahr 2013, als das größte in der Ukraine, 15 Milliarden Dollar, bevor es aufgrund der politischen und militärischen Ereignisse in diesem Gebiet drastisch sank.

Rinat Achmetow (55), dessen Limousinenkonvoi nach Beobachtungen von *Schemes* mehrmals die Seiteneinfahrt der Bankowa passierte, ist der Archetyp des ukrainischen Oligarchen. Sein modischer Stil – blonder Seitenscheitel und karierte Sakkos, die ihm einen leicht britischen Touch verleihen – täuscht. Er hat sich sogar eine der teuersten

Wohnungen der Welt am Hyde Park in London geleistet. Der Sohn eines Bergarbeiters aus dem Donbass ist tatarischer Abstammung und sunnitischer Muslim. Durchs Kartenspielen und das Geplänkel mit der lokalen Unterwelt gelang ihm der Einstieg in die Geschäftswelt. Nach dem Tod von Achat Bragin, dem Paten der Stadt, der 1995 von einer Bombe getötet wurde, die unter seinem Sitz im Stadion des Fußballvereins Shakhtar Donezk platziert worden war, und vor allem nach der Ermordung des Oligarchen Jewhen Schtscherban im Jahr 1996 in Donezk – damals mit 500 Millionen US-Dollar der reichste Mann des Landes – avancierte er zum mächtigsten Mann im Donbass. Schtscherban wurde beim Einschlag eines Lenkflugkörpers in sein Flugzeug auf dem Flughafen von Donezk getötet. Sein Imperium wurde unter seinen jungen, geldgierigen Rivalen aufgeteilt.[9] Rinat Achmetow, der sich weigert, die Umstände dieses Todes zu erörtern, übernahm daraufhin den Fußballverein Shakhtar Donezk, der regelmäßig in der Champions League glänzt, gründete eine Bank, die zum Rückgrat seines Industrieimperiums wurde, und benannte sie in System Capital Management (SCM) um: eine Holdinggesellschaft, die in die Bereiche Bergbau und Stahl, Energie, Telekommunikation, Transport, den Bankensektor, die

9 Siehe *L'Héritier (Der Erbe*, A.d.Ü.*)*, Dokumentarfilm, Regie: Maksim Kamenev und Oleksandr Kokhan, Hromadske TV, 2020.

Landwirtschaft, in Immobilien, auch in die Medien investiert ... und in politische Parteien.

Der Bürochef des Präsidenten ist also weitaus wichtiger als der Ministerpräsident. In der Geschichte der unabhängigen Ukraine wird dieses Amt zeitweise von einem Mann ausgeübt, der die Interessen Russlands zu wahren hat. Beispielsweise zwischen 2002 und 2005 unter Präsident Leonid Kutschma, der sich um gute Beziehungen zu Moskau bemüht: Er ernennt einen gewissen Viktor Medwedtschuk, der zu einem engen Vertrauten von Wladimir Putin und zur grauen Eminenz in der Ukraine wird.

Aus ähnlichen Gründen platziert Präsident Viktor Janukowitsch von 2010 bis 2013 Serhij Ljowotschkin, einen Geschäftspartner des Oligarchen Dmytro Firtasch, an die Spitze der Präsidialverwaltung. Der ehemalige Feuerwehrmann wurde zur Schlüsselfigur im Gashandel zwischen Russland und der Ukraine, was teilweise auf seine Verbindungen zum russischen Verbrechen zurückzuführen ist. Die Rabatte, die Gazprom Firtasch damals auf das von Russland bezogene Gas gewährte, brachten ihm nach Berechnungen der Nachrichtenagentur Reuters[10] mehr als drei Milliarden US-Dollar ein, die er für die Interessen von Wladimir Putin einsetzte, indem er die viel zitierte Partei der Regionen

10 Stephen Grey, Tom Bergin, Sevgil Musaieva, Roman Anin, *Putin's allies channelled billions to Ukraine oligarch (Putin-Vertraute zweigten Millarden ab für Ukraine-Oligarchen,* A.d.Ü*)*, Reuters, 26. November 2014.

von Viktor Janukowitsch finanzierte. Ljowotschkin und Firtasch kontrollieren auch den Fernsehsender Inter, der zu den führenden ukrainischen Sendern gehört und eine pro-russische Redaktionslinie verfolgt. Das Publikum schaut dort massenweise russische Fernsehfilme über den Zweiten Weltkrieg. Bei diesem Sender machte Wolodymyr Selenskyj übrigens seine ersten Schritte im ukrainischen Fernsehen. Zeitweise war er dort sogar für die Programme verantwortlich. 2012 knackte er dann mit seinen Partnern den Jackpot und unterzeichnete einen Vertrag mit 1 + 1, dem Sender von Ihor Kolomojskyj.

Der Schauspieler und zukünftige Präsident, der eine ambitionierte Produktionsfirma namens Kwartal 95 leitet und sein Geschäft auf die Produktion von Serien, Zeichentrickfilmen und Events ausweitet, ist den Oligarchen durchaus bekannt, doch sie halten ihn für einen Witzbold, den man wie einen Popstar für einen Abend auf einer Yacht oder in einer Villa mieten kann. Wolodymyr Selenskyj war vor seiner Rolle in *Diener des Volkes* der Diener der Oligarchen, die ihn dafür mit gut dotierten Verträgen belohnten. Sie machten ihn nicht nur berühmt, sondern auch reich. Selenskyj ist kein Oligarch, aber er akzeptiert Auftritte bei ihnen, wie an diesem Abend, wo er vor Präsident Viktor Janukowitsch und seinem Gast, dem russischen Ministerpräsidenten Dmitri Medwedew, den Hanswurst spielen wird …

Der lästige Kolomojskyj

Die Stimmung auf dem Foto ist ernst. An diesem 10. September 2019 scheint die Luft draussen fast so drückend zu sein wie die Stimmung im Büro des Staatsoberhaupts. Dunkelgrüne Clubsessel, mit Stoff bespannte Wände, goldverzierte Stilmöbel und -türen nach dem Vorbild des französischen Empire – der Kitsch eines postsowjetischen Parteibüros. Die Teilnehmer sitzen im Hemd da, die Krawatte haben sie abgelegt. Vor Präsident Wolodymyr Selenskyj, vor seinem damaligen Ministerpräsidenten, dem jungen Reformer Oleksij Hontscharuk, und dem Energieminister Oleksiy Orzhel liegen Unterlagen auf dem Intarsientisch; nicht aber vor Ihor Kolomojskyj.

Offensichtlich hatte das Bankowa-Team mitnichten die Absicht, dieses Meeting mit dem Oligarchen publik zu machen. Doch in der Ukraine bleiben Geheimnisse nicht lange unentdeckt. Am gesenkten Blick einiger Teilnehmer erkennt man ihre Verlegenheit, der Rest lächelt verkrampft. Aus gutem Grund, denn in der ukrainischen Politszene spukt nur eine Frage herum: Ist Selenskyj eine Marionette Kolomojskyjs? Nachdem er das Ende der Amtszeit Poroschenkos im Exil in Israel und der Schweiz verbracht hat, kehrt der Oligarch nur wenige Tage nach der Wahl des Komikers unter großem Tamtam nach Kiew zurück. Die Enthüllungsjournalisten haben sich ein Bein ausgerissen: Sie haben entdeckt, dass Wolodymyr Selenskyj und seine engsten Mitarbeiter in den

Monaten vor seiner Wahl mehrmals nach Tel Aviv und Genf geflogen sind, als der Oligarch sich dort aufhielt.

Aus Gründen der Transparenz wird das Foto veröffentlicht. Offiziell geht es in diesem Meeting lediglich um »Geschäfte in der Ukraine« und den »Energiesektor«. Eine Erklärung, die zu vage ist, um glaubhaft zu wirken ... Einige Tage später sagt der Präsident etwas mehr dazu. Zwei Wahlkampfversprechen hätten auf der Tagesordnung gestanden: die Abschaffung des Oligarchenmonopols und niedrigere Tarife für öffentliche Dienstleistungen. Nun ist zwar Kolomojskyj angereist, um über dieses Thema zu sprechen, aber keiner seiner Oligarchenkollegen. Das Ganze wirkt allzu konstruiert, niemand glaubt daran. Es müssen andere, wichtigere Themen behandelt worden sein.

Die Presse wird sie bald aufdecken: Ihor Kolomojskyj wollte mit der neuen Regierung über die Zukunft von Centrenergo sprechen, einem staatlichen Unternehmen, das aus thermischer Energie Strom erzeugt und auf dem Energiegroßmarkt verkauft. Der Oligarch setzt alle Hebel in Bewegung, um seine Eisenlegierungswerke in Nikopol und Saporischschja mit billigem Strom zu betreiben. Der Experte Michail Gontschar erklärt: »Dieses Anliegen führt dazu, dass er die Positionen des Oligarchen Nr. 1 in der Ukraine, Rinat Achmetow, angreift, der mit seiner Firma DTEK den Stromsektor beherrscht.«

Das Treffen vom 10. September in der Bankowa lässt daher noch mehr Zweifel daran aufkommen, dass Wolodymyr Selenskyj gewillt und in der Lage ist, die Oligarchie zu zerschlagen – einer der Gründe, warum die Ukrainer ihn gewählt haben. Zwar hat er gleich nach seiner Amtseinführung reformorientierte Persönlichkeiten in die Regierung berufen, etwa den erst 35-jährigen Ministerpräsidenten Oleksij Hontscharuk, einen modernistischen Wirtschaftsjuristen, der sich seit einigen Jahren als Leiter des BRDO (Better Regulation Delivery Office) profiliert, einer Organisation, die das Ausmaß der Korruption sowohl in der Regierungsverwaltung als auch im Privatsektor verringern soll. Doch die neue Präsidentenpartei, die nach der Serie *Sluha Narodu* (*Diener des Volkes*) benannt ist, hat auch Andrij Herus zum Vorsitzenden des Parlamentsausschusses für Energie, Wohnungswesen und kommunale Dienste ernannt, einen Aktivisten für Korruptionsbekämpfung, von dem man annimmt, dass er auf der Gehaltsliste Kolomojskyjs steht, vor allem wenn es darum geht, unter dem Deckmantel der Expertise den Ruf von Rinat Achmetow zu schwächen.

Ihor Kolomojskyj hat zwar dazu beigetragen, dass Wolodymyr Selenskyj zum Präsidenten der Ukraine gewählt wurde, aber ihm ist klar, dass der neue Präsident bald auf eigenen Füßen stehen muss oder will und von den anderen Oligarchen des Landes umworben wird. Das Foto erscheint gerade zur rechten Zeit, um Kolomojskyjs Position zu festigen:

Nach den geltenden Spielregeln müssten sich alle dem Oligarchen aus Dnipro unterordnen. Warum sollte das nicht wie üblich laufen? Wenn Selenskyj Kolomojskyj aus der Hand frisst, wie einst Janukowitsch aus der Hand Achmetows, dann wird Kolomojskyj seine Schachfiguren platzieren: in der Generalstaatsanwaltschaft, bei den Gerichten, in den unzähligen Regierungsbehörden, die eine Spezialität der Ukraine sind und deren Aufgabe es ist, die Preise für Kohle und Strom zu regulieren sowie willkürlich astronomische Geldstrafen für vorgebliche Verstöße gegen die Umweltregeln eines Landes zu verhängen, dass sich keinen Deut um Ökologie schert. Und vor allem: Er wird über mögliche Wirtschaftsmonopole entscheiden.

Kolomojskyj ist ganz aus dem Häuschen. Er ist nahe daran, die Konkurrenz auszulöschen. Er hat Poroschenko aus dem Amt gedrängt und träumt davon, sich halbstaatliche Industriezweige, die ihm bisher entgangen sind, unter den Nagel zu reißen. Ganz Kiew ist in Sorge. Seine alten Feinde beginnen schon, ihn zu umgarnen. Im September 2019 bezeugt Viktor Pintschuk seine Loyalität und erlaubt ihm, durch die Alleen des YES-Forums (Yalta European Strategy) zu schlendern, einem Treffen der Elite, das wie ein ukrainischer Davos-Gipfel aufgemacht ist. Jedes Jahr lädt Pintschuk, der Schwiegersohn des ehemaligen Präsidenten Leonid Kutschma, die internationalen Stars aus Politik und Wirtschaft nach Kiew ein: Bill Clinton, Tony Blair, Anders

Fogh Rasmussen ... Sogar Dominique Strauss-Kahn und Bernard-Henri Lévy sind dort Stammgäste. Die Stars der Weltpresse sind da, um den Puls der Ukraine zu fühlen. In diesem Jahr ist Ihor Kolomojskyj im siebten Himmel: Er, der sonst so wortkarg ist, gibt Interviews im Akkord und reißt einen Spruch nach dem anderen. Er ist überzeugt, dass er seinen Allmachtsanspruch festigen kann.

In Wirklichkeit hat Ihor Kolomojskyj nur ein Ziel: Er will die PrivatBank zurückhaben, die Ex-Präsident Petro Poroschenko 2016 verstaatlichen ließ, oder zumindest einen ordentlichen Barbetrag in klingenden Dollars als Entschädigung. Wolodymyr Selenskyj weicht den Fragen auf den Pressekonferenzen aus und sendet widersprüchliche Signale. Er ist in großer Verlegenheit. Der Druck ist immens: Selenskyj ist nicht völlig unabhängig von seinem früheren Arbeitgeber 1 + 1. Doch die Ukraine ist in einer prekären wirtschaftlichen Lage und extrem abhängig von internationalen Geldgebern, insbesondere vom Internationalen Währungsfonds (IWF). Dessen Hauptbeitragszahler Washington spielt mit dem Gedanken, dem Land fünf Milliarden US-Dollar zu leihen. Dies ist in etwa die Summe, die Kolomojskyj und seine Partner sich als Entschädigung für den Anteil von Privat erträumen: Der IWF und die Amerikaner werden nervös, da sie ihr Darlehen bereits in den Taschen des Oligarchen verschwinden sehen.

Selenskyj steckt also zwischen Hammer und Amboss: Soll er den Rachegelüsten des Oligarchen, der ihn gekrönt hat, nachgeben oder den Mahnungen der internationalen Gemeinschaft, die der ukrainischen Wirtschaft seit ihrer Unabhängigkeit in regelmäßigen Abständen den Rücken stärkt? In Kiew geben sich die Experten des IWF die Klinke in die Hand. Ihre Mission wird von der nationalen Presse unter die Lupe genommen, die versucht, selbst die geringste Erklärung der Abgesandten aus Washington zu entschlüsseln. »Sorgt für einen sauberen Bankensektor und wir werden das Geld fließen lassen«, so scheint die Kernaussage der Partner zu lauten. Mit anderen Worten: Stellt sicher, dass unsere Milliarden nicht bei Kolomojskyj landen. Das Team von Wolodymyr Selenskyj laviert, sucht nach Lösungen, versucht es allen recht zu machen, drängt den launischen Oligarchen dazu, seine Ansprüche zu überdenken, und appelliert an die internationalen Partner, sich zurückzuhalten. Nichts zu machen, bis die Situation wirtschaftlich nicht mehr tragbar ist.

Am 13. Mai 2020 verabschiedet die von Selenskyjs Partei Diener des Volkes gestellte Mehrheit im Parlament auf seinen Antrag hin das Anti-Kolomojskyj-Gesetz, einen maßgeschneiderten Text, der den Bestrebungen des Oligarchen aus Dnipro entgegenwirkt und im Wesentlichen besagt, dass in Schwierigkeiten geratene Banken nicht an ihre früheren Eigentümer zurückgegeben werden können. Damit ist die Affäre um die PrivatBank abgeschlossen und das Institut bleibt in öffentlichem Besitz. Wenige Stunden später genehmigt der IWF die Freigabe eines dringend benötigten Kredits in der Höhe von fünf Milliarden US-Dollar für die Ukraine.

Wolodymyr Selenskyj hat soeben die erste wichtige Entscheidung seiner Amtszeit getroffen: Die Marionette hat selbst die Fäden durchgeschnitten, die sie mit dem Puppenspieler verbanden, wie böse Zungen behaupten. Die Trennung zwischen Selenskyj und Kolomojskyj scheint vollzogen zu sein. Der junge Präsident hat sich emanzipiert. Nach und nach verliert der Oligarch seinen Einfluss in der ukrainischen Wirtschaft, er wird aus dem Centrenergo-System geworfen, und seine Leute in den strategischen Positionen der Verwaltung werden einer nach dem anderen abserviert. Die US-Justiz, die ein Verfahren gegen Kolomojskyj eingeleitet hat, fordert das ukrainische Staatsoberhaupt auf, sich von schädlichen Persönlichkeiten zu trennen, die mit dem Oligarchen in Verbindung stehen. 1 + 1 strahlt weiterhin die Sendungen von Kwartal 95 aus, natürlich ohne Selenskyj, aber der Oligarch Nr. 3 des Landes schätzt die Auftritte seines ehemaligen Schützlings, der nun Präsident ist, immer weniger.

Entoligarchisierung?

Im selben Büro, in dem er am 10. September 2019 in großer Verlegenheit Ihor Kolomojskyj empfangen hatte, inszeniert sich Wolodymyr Selenskyj, als er am 5. November 2021 das lang erwartete Anti-Oligarchen-Gesetz unterzeichnet und verabschiedet. Das Foto ist diesmal akkurat, professionell, von einem echten PR-Team gemacht, kein verstohlener Schnappschuss. Der Text trägt den Titel »Gesetz zur Prävention von Bedrohungen der nationalen Sicherheit durch übermäßigen Einfluss von Personen mit erheblichem wirtschaftlichem und politischem Gewicht im öffentlichen Leben«: eine lange Umschreibung für Oligarchen! Wolodymyr Selenskyj veröffentlicht auf Twitter das Foto, auf dem er den Text paraphiert, zusammen mit ein paar Worten auf Ukrainisch: »Demokratie steht für Recht und Gleichheit. Ich habe ein Anti-Oligarchie-Gesetz unterzeichnet, das die Beziehung zwischen Großunternehmen und Politikern radikal verändert. Künftig werden alle Wirtschaftsakteure vor dem Gesetz gleich sein und sich keine politischen Privilegien mehr erkaufen können. Das Gesetz wird nicht mehr missachtet!« Die Gesetzgebung sieht auch die Schaffung eines »Oligarchenregisters« vor, in das Persönlichkeiten aufgenommen werden, die gewisse Kriterien in Bezug auf ihren Reichtum und die Verteilung ihres Kapitals auf bestimmte Vermögenswerte erfüllen … wie beispielsweise Fernsehsender. Die Philosophie dieses Registers? Die großen Geldgeber des Landes werden weder in der Liste stehen noch als Oligarchen bezeichnet werden wollen, weil das ein ehrverletzender Begriff ist; und wenn sie doch drinstehen, dann wollen sie raus. Nur wenige Stunden später verkauft der ehemalige Präsident Petro Poroschenko seine beiden Fernsehsender.

Das Problem dabei: Dieses Gesetz ist ein populistisches Meisterwerk, das so gut wie nicht umsetzbar ist und die Oligarchie sogar stärken oder – was noch schlimmer ist – eine Oligarchie schaffen wird, die sich der Macht unterwirft. Wolodymyr Selenskyj ließ den Text so formulieren, dass er sich wie die Umsetzung eines Wahlversprechens liest und gleichzeitig Washington, Brüssel und den IWF zufriedenstellt. Die Methode mag dem Volk attraktiv erscheinen, denn es wird eine Liste von Oligarchen angelegt, damit die sich keine »politischen Privilegien kaufen«. So gesehen soll eine in postsowjetischen Gesellschaften verhasste Kaste an den Pranger gestellt werden, um sie gewissermaßen zu ächten.

Zahlreiche Beobachter der ukrainischen Politszene befürchten, dass Präsident Selenskyj unter dem Vorwand, ein Wahlversprechen einzulösen, in Wirklichkeit nur seine eigene Macht stärken will. »Maßnahmen, die auf eine echte Einschränkung der Macht der ukrainischen Oligarchen abzielen, sind allseits bekannt: Unabhängigkeit der Justiz, Stärkung der Kartellgesetze und -behörden, Reform des öffentlichen Sektors, Abschaffung von Steuervergünstigungen für große Unternehmen und mehr Transparenz bei der Finanzierung der Medien. Das Büro des Präsidenten hat absichtlich ein unscharfes Gesetz gegen Oligarchen geschaffen, das jeglicher objektiver Kriterien zu ihrer Beschränkung entbehrt. Stattdessen überlässt die Regierung es dem Nationalen Sicherheits- und Verteidigungsrat, der vom Präsidenten persönlich ernannt wird, festzulegen, wer ein Oligarch ist und somit Restriktionen bezüglich des Medienbesitzes oder der Teilnahme am politischen Leben des Landes unterliegt«, bemängelt Kira Rudik, eine Abgeordnete der kleinen liberalen und pro-europäischen Oppositionspartei Holos (Die Stimme), in einer gut dokumentierten Analyse.[11]

Dessen ungeachtet wurde das Gesetz in einer Parlamentssitzung verabschiedet, die einer Sitcom alle Ehre gemacht hätte, denn das ukrainische politische und parlamentarische Leben ist barock, byzantinisch, überdreht und ähnelt oft einer Fernsehshow. Ein regelrechter Zirkus! In der Bevölkerung gibt es viele, die sich nicht täuschen lassen. Die Bürger begnügen sich damit, ihren alltäglichen Beschäftigungen nachzugehen und heucheln Zufriedenheit darüber, dass endlich ein Wahlversprechen eingehalten wird. Die Videos des Enthüllungsjournalisten Mykhailo Tkach sind nach wie vor der Renner, sie werden zehntausendfach angeklickt. Nachdem er jahrelang Petro Poroschenko durch die Mangel

11 *Ukraine's Anti-Oligarch Law: President Zelenskyy's populist power grab?* (Anti-Oligarchen-Gesetz der Ukraine: Eine populistische Machtaneignung Präsident Selenskyjs?, A.d.Ü.,), Atlantic Council, 15. November 2021.

gedreht hat, widmet er sich nun einem neuen Schreckgespenst: Wolodymyr Selenskyj und seinen Partnern von Kwartal 95, seinem Geschäftspartner Serhij Schefir, der inzwischen zum Berater des Präsidenten aufgestiegen ist, Ivan Bakanow, Buchhalter und Jurist für Kwartal 95, mittlerweile mächtiger Chef des ukrainischen Geheimdienstes SBU, und allen voran Andrij Jermak, ehemaliger Filmproduzent und Freund von Selenskyj, der zum zweiten Bürochef des Präsidenten avanciert ist und den viele als den Vizepräsidenten, wenn nicht als den Präsidenten selbst ansehen ... Mykhailo Tkach entdeckt – und enthüllt –, dass Serhij Schefir, Selenskyjs Freund aus Kindertagen, der für die Beziehungen zu den Oligarchen zuständige Mann ist. Mykhailo Tkach verfolgt Schefirs schwarze Limousine bei Nacht durch die Straßen von Kiew. Er bleibt ihm auf den Fersen bis zum Tor eines der Wohnsitze von Rinat Achmetow. Serhij Schefir ist der Mann, der als Bindeglied zwischen dem Präsidenten und den Oligarchen fungiert. Die Politik in der Ukraine scheint ein Schmierentheater zu sein. Aufseiten der Oligarchen gibt man sich empört, wohl wissend, dass das Gesetz nichts ändern kann, ja dass es sogar manchen ermöglichen könnte, Kritiker zum Schweigen zu bringen, während sie zum »business as usual« übergehen.

In den ersten beiden Jahren seiner Präsidentschaft hat Wolodymyr Selenskyj als kleiner Fisch gelernt, in diesem Haifischbecken zu schwimmen. Er hat ein außergewöhnliches Kommunikationstalent, das ist seine Stärke: Für ihn zählt nicht so sehr, was man zu verkaufen hat, sondern wie man es verkauft. Seit seiner Wahl hat er Instagram etwas vernachlässigt und präsentiert sich nun offizieller. Mittlerweile nutzt er überwiegend die Internetseite des Präsidenten für seine Kommunikation und verlinkt seine Videos auf Facebook oder YouTube. Selten hat ein Staatsoberhaupt in Europa die Codes der visuellen Kommunikation so gut beherrscht. Allerdings sind Selenskyjs Leute, das halbe Dutzend Berater, das ihm zur Seite steht, alle Profis in der Produktion von audiovisuellen Inhalten. Hinter dem mächtigen Andrij Jermak arbeitet eine Gruppe von jungen Beratern, die Selenskyj-Gang. Jurij Kostjuk beispielsweise, der am Drehbuch zu *Diener des Volkes* mitgewirkt hat, schreibt nun geschliffene Reden für den Präsidenten; Kyrylo Tymoschenko, der in der Präsidialverwaltung für »Großprojekte« zuständig ist, leitet auch *GoodMedia*, ein Kommunikationsunternehmen, das Videoinhalte produziert. Schätzungen zufolge wechselten wenige Monate nach der Wahl 2019 mehr als 30 Mitarbeiter von Kwartal 95 in die Machtzirkel, die Präsidialverwaltung und das Parlament. Und zwar in einem Ausmaß, dass sogar Vorwürfe wegen Vetternwirtschaft und Klientelismus laut wurden.

Doch Wolodymyr Selenskyj hält sich bedeckt. Er hat gelernt, seine Emotionen zu kontrollieren, seine Reaktionen in der Öffentlichkeit und seine (schwierigen) Beziehungen zu den Journalisten in den Griff zu bekommen. Sein überaus kreatives Kommunikationsteam organisiert an ungewöhnlichen Orten Pressekonferenzen, die wie Überraschungsevents wirken. Im Oktober 2019 etwa veranstaltet der Staatschef einen »Presse-Marathon« in einem trendigen Restaurant im Arsenal-Viertel in Kiew, bei dem er Hunderte von Journalisten an seinem Tisch empfängt – vierzehn Stunden lang, bis zur Erschöpfung. Der Weltrekord wurde gebrochen! Aus dem unerfahrenen Kandidaten ist schnell ein gerissener Politiker geworden, der seinen Gegnern und Kritikern Paroli bieten kann.

5

Frieden schließen mit Putin?

»Minsk II« oder nichts

Das Lachen ist sardonisch. »Ich kenne diesen Mann nicht. Ich hoffe, dass wir uns eines Tages treffen werden. Offenbar ist er ein Meister seines Fachs, ein guter Schauspieler [Gelächter im Publikum]. Ich meine es ernst, und Sie lachen.« Ein Clown eben! Am 7. Juni 2019, auf dem Internationalen Wirtschaftsforum in St. Petersburg, zieht Wladimir Putin vor zahlreichen Persönlichkeiten, darunter der chinesische Präsident Xi Jinping, eine Show auf Kosten seines frischgebackenen ukrainischen Amtskollegen ab. Er sitzt in einem bequemen Sessel auf dem Podium und stimmt sein Publikum auf den bösen Witz ein, den er gleich reißt: Zuerst lächelt er nur halb. Als er die Salve dann abgefeuert hat, bebt sein alternder Körper im Rhythmus eines kalt berechneten Lachens.

Natürlich kennt in Russland jeder Wolodymyr Selenskyj. Ein großes Publikum schaut dort seine Serien und Filme, und fasziniert haben die Russen den politischen Aufstieg des Schauspielers mitverfolgt. Wladimir Putin liebte es, seine Abscheu vor Petro Poroschenko zu zelebrieren; dieser wurde von den Russen als Karikatur eines nationalistischen und militaristischen Führers dargestellt, als abschreckendes Beispiel. Die Kreml-Führung hat anfangs keine Ahnung, wie sie mit dem Phänomen Selenskyj umgehen soll. Sie kann ihn nicht einschätzen: In den Medien spricht er mehr russisch als ukrainisch, er ist nicht sonderlich nationalistisch, und man weiß nicht so genau, wie er über die Weltpolitik denkt. Das russische Fernsehen weiß nicht, auf welchem Fuß es mit dem ehemaligen Schauspieler tanzen soll.

Wie sein Seitenhieb in St. Petersburg zeigt, denkt Wladimir Putin offenbar, dass er Selenskyj einfach zum Frühstück verspeisen könne. Aber das Problem für den Kremlherrn liegt darin, dass der Clown bei ihrer ersten Begegnung im wirklichen Leben seiner Aufgabe unverschämt gut gewachsen ist. Nach etlichen Monaten, in denen die beiden Männer einander mittels wechselseitiger Erklärungen abschätzen, begegnen sie sich am 9. Dezember 2019 im Pariser Élysée-Palast bei einem Gipfel im »Normandie-Format«. Dort versammeln sich die Staatschefs der Ukraine, Russlands, Frankreichs und Deutschlands, um einen Ausweg aus dem seit April 2014 andauernden Krieg im Donbass zu finden. Der letzte Gipfel im Normandie-Format liegt drei Jahre zurück. Die mit Spannung erwartete Begegnung zwischen Wolodymyr Selenskyj und Wladimir Putin erfolgt unter der Schirmherrschaft von Emmanuel Macron und Angela Merkel, denen bewusst ist, dass der Friede Wolodymyr Selenskyjs wichtigstes Wahlversprechen war. Der französischen Hauptstadt, die grau, aufgeladen und von der Gelbwesten-Bewegung gelähmt ist, steht also eine Marathon-Tagung bevor. Der Gastgeber des Tages begrüßt den ukrainischen und den russischen Präsidenten nacheinander auf den Stufen des Élysée-Palasts. Großes Gepränge wird für diesen wichtigen diplomatischen Anlass aufgeboten: Nationalgarde, Helme mit schwarzer Mähne und rotem Federschmuck, Säbel in der Hand – die ukrainischen Journalisten, die nicht an die Gepflogenheiten der republikanischen Monarchie gewöhnt sind, staunen über die Etikette! Emmanuel Macron versucht, ein bisschen Herzlichkeit zu vermitteln, indem er seinen Amtskollegen den Arm um die Schulter legt, während die Auslöser der Kameras klicken. Als der Gipfel um 15 Uhr offiziell beginnt, ist die Stimmung im goldverzierten *Salon Murat* so eisig wie auf den Straßen von Paris. Wladimir Putins Blick ist ausweichend. Er bemüht sich, den Blick Wolodymyr Selenskyjs unter keinen Umständen zu kreuzen. Der ist konzentriert, er sieht mitgenommen aus. Sein Gang ist nicht mehr ganz der alte: leicht nervös, manchmal mechanisch, als sei der Neo-Präsident noch ein wenig der Komiker aus seinem ersten Leben.

Der Marathon beginnt. Er findet unter Ausschluss der Öffentlichkeit statt und endet gegen Mitternacht. Alles, was in Kiew politisch und medienmäßig Rang und Namen hat, ist angereist. Neun Stunden lang wird hinter verschlossenen Türen diskutiert; derweil stopfen sich all diese Leute wie auch die französische, russische, deutsche und internationale Presse mit Häppchen voll und trinken literweise Kaffee; es wird über die Ergebnisse des Treffens spekuliert. Seit Tagen treibt die Beobachter auf ukrainischer Seite eine Frage um: Wird Selenskyj der Aufgabe gewachsen sein? Oder lässt er sich von Wladimir Putin fertigmachen, der viel erfahrener ist und zudem in den Steppen des Donbass die Oberhand hat? Wird er sich nicht auch von Merkel und Macron manipulieren lassen, die darauf aus sind, endlich Frieden in der Region zu schaffen?

Für Wolodymyr Selenskyj ist es ein Hochseilakt. Drei Viertel seiner Mitbürger haben ihn gewählt, doch in Kiew muss er sich gegen die radikale Opposition der »25-Prozent-Gruppe« behaupten. Das ist der nationalliberale, patriotische Teil der Bevölkerung, der für Petro Poroschenko gestimmt hat und nichts mehr fürchtet, als dass der »prorussische Clown«, wie ihn seine radikalen Gegner manchmal nennen, die Interessen des Landes zum Schleuderpreis verkaufen könnte. In Kiew geht seit dem Herbst eine Bewegung mit dem Namen »Nein zur Kapitulation« auf die Straße. Die überwiegende Mehrheit der Ukrainer will Frieden, aber nicht zu den Bedingungen Russlands, denn dies würde die Souveränität der Nation gefährden und den separatistischen Regionen Donezk und Luhansk einen autonomen Status gewähren – ein russisches Trojanisches Pferd auf ukrainischem Boden.

Die nationalen Presse- und Fernsehstars sind zwar angereist, halten sich aber sehr zurück. Sie versuchen um jeden Preis herauszufinden, was vor sich geht. »Wie kommt er denn zurecht? Stellt er sich nicht zu ungeschickt an?«, fragt eine Journalistin den mächtigen ukrainischen Innenminister Arsen Awakow. Gegen Mitternacht kommt Hektik auf vor dem *Salon Murat*. Wolodymyr Selenskyjs Berater durchqueren den Saal und marschieren am Podium vorbei, wie die Beatles auf dem Zebrastreifen der Abbey Road. Wenige Minuten später treten die vier Regierungschefs aus Frankreich, Deutschland, der Ukraine und Russland vor die Presse, um Auskunft über ihre Gespräche zu geben.

Wolodymyr Selenskyj und Wladimir Putin sitzen links und rechts außen an einem weißen Tisch, dazwischen Angela Merkel und Emmanuel Macron. Der französische Präsident begrüßt den »politischen Mut und die Entschlossenheit, die der ukrainische Präsident seit seiner Wahl gezeigt hat, um den Konflikt im Osten seines Landes friedlich zu beenden«. In diesem Moment bricht den ukrainischen Journalisten der kalte Schweiß aus: Sie befürchten, dass Paris und Berlin ihren Staatschef unter Druck gesetzt haben, damit er die »Steinmeier-Formel« annimmt, die der ehemalige deutsche Außenminister, der seit 2017 nun Bundespräsident ist, drei Jahre zuvor vorgeschlagen hatte.

Die sieht nämlich vor, dass regionale Wahlen abgehalten werden müssen, wie es unter Punkt 9 des Minsk-II-Abkommens vom

Februar 2015 geplant ist. Sofern die Organisation für Sicherheit und Zusammenarbeit in Europa (OSZE) den Wahlablauf und das Ergebnis für »demokratisch« erachtet, muss anschließend die Autonomie der separatistischen Einheiten im Donbass in den institutionellen Rahmen der Ukraine integriert werden. Laut Punkt 11 des Minsk-II-Abkommens muss Russland unmittelbar danach die Gebiete um Donezk und Luhansk entmilitarisieren und den Ukrainern auf ihrer Seite der Grenzlinie wieder die Kontrolle über die russisch-ukrainische Grenze zurückgeben.

Nur will in der Ukraine niemand die Steinmeier-Formel. Sie wird als bittere Pille der Deutschen angesehen, die sich ohnehin von den Russen an der Nase herumführen lassen, auf deren Gaslieferungen sie nicht verzichten können. Niemand in Kiew glaubt, dass regionale Wahlen im Donbass demokratisch sein können, wenn sie in Anwesenheit lokaler separatistischer Milizen abgehalten werden. Letztere haben die politische Opposition eliminiert und Donezk und Luhansk zu Gebieten ohne Rechtsstaatlichkeit, zu Marionetten des Kremls gemacht. Wie soll das ukrainische Wahlgesetz in Gebieten eingehalten werden, in denen sich die russische Armee aufhält und Putins schlagkräftiger Geheimdienst FSB operiert? Wie sollen Wahlen abgehalten werden, wenn 1,5 Millionen Zivilisten aus dem Donbass fliehen mussten: Werden sie das Recht haben, an ihrem ehemaligen Wohnsitz zu wählen?

Wie soll ihre Sicherheit garantiert werden? Berlin und Paris wollen eine diplomatische Lösung um jeden Preis, doch die Ukrainer sind nicht bereit, diesen Preis zu bezahlen.

Nach den Stellungnahmen von Emmanuel Macron und Angela Merkel hat Wolodymyr Selenskyj das Wort. Im schwarzen Anzug und mit dunkelblauer Krawatte legt er los. Er betont, dass er in den Stunden der Verhandlungen »alle Ukrainer hinter sich hatte, deren Unterstützung [er] spürte«. Wladimir Putin, der am anderen Ende des Tisches sitzt, blickt mürrisch und gibt sich gelangweilt. Rasch kommt der ukrainische Präsident auf den heiklen Punkt zu sprechen. Was die Steinmeier-Formel und den »Sonderstatus« der Gebiete um Donezk und Luhansk betrifft: »Da sind noch viele Fragen offen, die wir heute leider nicht lösen konnten, das müssen wir in Zukunft auf jeden Fall nachholen.« Sein Amtskollege macht sich nervös Notizen. Die ukrainische Presse im Saal atmet erleichtert auf – Selenskyj hat nicht nachgegeben!

Welch ein Unterschied zum Selenskyj des Wahlkampfs! Vorbei ist es mit dem Präsidentschaftskandidaten, der auf die Frage nach seinen Lösungen für den Donbass-Konflikt nur vage Formulierungen fand: »Das Schießen muss aufhören«, »Ich werde Wladimir Putin tief in die Augen schauen«. Als Wolodymyr Selenskyj im März 2019 zum ersten Mal ein substanzielles Gespräch mit internationalen Journalisten führte, rastete er buchstäblich aus. Er verlor die Fassung, als Noah

Sneider, der Korrespondent von *The Economist*, ihn nach seinen Plänen zur Beendigung dieses Krieges fragte. Die Szene war überaus peinlich für den Kandidaten, denn er war nicht in der Lage, strategische Überlegungen darzulegen. Im neunzigminütigen Gespräch sagte er den anwesenden Journalisten lediglich, dass seine Persönlichkeit und die Kommunikationsfähigkeit, die er als seine Kernkompetenz sehe, es ihm ermöglichen würden, die Menschen im Donbass für sich zu gewinnen.

Für Selenskyj, der Krieg und Gewalt zutiefst verabscheut, waren die Krise und das Konfliktmanagement ein Lernprozess. Als er einen der Autoren dieses Buches zum ersten Mal trifft, distanziert er sich von der Maidan-Revolution, deren Brutalität ihn offenbar zu verunsichern scheint. Die Angst vor dem Blutvergießen wird in seiner Körpersprache und seinen Äußerungen deutlich. Lange Zeit waren ihm keine Worte zu hart, um seinen Vorgänger zu kritisieren, dem man vorwirft, eine nationalistische politische Linie und damit den Krieg gewählt zu haben. Nach seiner Wahl zum Präsidenten reiste Wolodymyr Selenskyj in den Donbass, lief durch Schützengräben und aß Borschtsch mit den Soldaten. Da erfasste er endlich das Ausmaß der Tragödie, die das Leben von Millionen seiner Landsleute bestimmt. Putins Schachzüge in der Ukraine sind nicht nur eine Abstraktion, die man leichtfertig wie auf einer Kabarettbühne behandeln kann.

An diesem 9. Dezember 2019 wird sich Wolodymyr Selenskyj seiner Verantwortung gegenüber seinem Volk bewusst. Er tritt damit stillschweigend in die Fußstapfen seines Erzfeinds Poroschenko. Wenn Letzterer bei seiner Rückkehr am 12. Februar 2015 in der *Werchowna Rada* Minsk II vor seinen Landsleuten nicht verteidigte, dann deshalb, weil das Minsk-II-Abkommen, an das sich Deutsche und Franzosen klammerten, vor dem Volk unhaltbar war – die Ukrainer hatten es unter vorgehaltener Waffe unterschrieben. Der Text wurde nämlich in der belarussischen Hauptstadt ratifiziert, während die reguläre russische Armee die Stadt Debalzewe im Donbass bombardierte, in der sich die ukrainische Armee verschanzt hatte. Für Kiew war die Lage dramatisch. In Minsk drohte Wladimir Putin seinem Amtskollegen Petro Poroschenko unverblümt damit, »seine Truppen einfach zu zermalmen«[12], wie der ehemalige französische Präsident François Hollande, der Zeuge der Szene war, später verriet. Vor diesem Hintergrund wurde Minsk II erzwungen, im Widerspruch zum Geist von Artikel 52 des Wiener Übereinkommens[13], der besagt, dass »jeder Vertrag nichtig ist, dessen Abschluss unter Androhung oder Anwendung von Gewalt entgegen

12 Vgl. François Hollandes Memoiren, *Les Leçons du pouvoir*, Paris, Stock, 2018, S. 75.

13 Rechtsetzender Vertrag von 1969, der das gewohnheitsrechtlich entwickelte Diplomatenrecht kodifiziert; der genaue Titel lautet: »Wiener Übereinkommen über das Recht der Verträge zwischen Staaten und internationalen Organisationen oder zwischen internationalen Organisationen«.

den in der Charta der Vereinten Nationen enthaltenen Grundsätzen des Völkerrechts erwirkt wurde«.

Abgesehen von der rechtlichen Seite ist Minsk II in der Ukraine aber auch politisch nicht umsetzbar. Kein ukrainischer Präsident – und sei er noch so russlandfreundlich oder mit überwiegender Mehrheit gewählt worden – wäre in der Lage, seinen Landsleuten einen Text schmackhaft zu machen, der im Wesentlichen darin besteht, die Souveränität an Moskau abzutreten. Wenn Kiew die Föderalisierung akzeptieren würde, die mit diesem Abkommen angestrebt wird, erhielten die beiden Marionetten-Gebiete Donezk und Luhansk ein Vetorecht über die wichtigsten geostrategischen und sicherheitspolitischen Leitlinien der ukrainischen Politik. Minsk II bedeutet also das Ende einer souveränen Ukraine, das versteht Selenskyj nur zu gut.

Wer in diesem Film nichts verstanden hat, ist Wladimir Putin und mit ihm all jene in Europa und anderswo, die glaubten, dass »das Recht des Stärkeren« gleichbedeutend mit »Realitätssinn« sei. Wladimir Putin dachte, er könne der Ukraine seinen Dominanzanspruch aufzwingen, indem er die ukrainische Regierung einem unerträglichen Zugzwang aussetzt und Minsk II gewaltsam durchsetzt. Da der russische Präsident in Wolodymyr Selenskyj jedoch nur einen Clown sah, verkannte er, dass *Diener des Volkes* nicht nur der Titel einer Sitcom ist, sondern Ausdruck einer anderen politischen Kultur. In der Ukraine ist der Herrscher dem Volk untergeordnet, dort entwarfen die Kosaken 1710 die erste demokratische Verfassung Europas, die Verfassung Pylyp Orlyks. Kurz gesagt, indem er Selenskyj links liegen ließ, übersah Putin einen Hauptdarsteller: das ukrainische Volk. Es wird ihm im Februar 2022 in die Quere kommen ...

Geschichte als Waffe

Als Wladimir Putin im Juni 2019 in St. Petersburg Wolodymyr Selenskyj auf seinen Beruf als Komiker und Clown reduzierte, sprach er ihm damit schlichtweg das Recht und die Legitimität ab, sein Land zu vertreten. Aus gutem Grund: Sein Land existiert nicht, oder besser gesagt, es hat kein Existenzrecht. Diese Zwangsvorstellung hat der russische Präsident seit Langem, er schrieb dazu in der nationalen Presse endlose »historische« Artikel und erging sich darüber auch bei verschiedenen Anlässen.

Am 21. Februar 2022 beschloss Wladimir Putin, in die Ukraine einzumarschieren. Seit ungefähr einem Jahr hat er Zehntausende von Soldaten an den Grenzen zusammengezogen. Gegen Mittag versammelt er unter dem gewaltigen Säulengewölbe des Katharinensaals im Kreml den *SovBez* (Soviet Biezopasnosti, Nationaler Sicherheitsrat) zu einer außerordentlichen Sitzung. Er bittet seine Minister und die Hauptverantwortlichen der Machtorgane, eine Frage zu diskutieren, die er eigentlich schon entschieden hat: Soll die Unabhängigkeit der Volksrepubliken Donezk und Luhansk anerkannt werden, die sie anlässlich der vorherigen teilweisen militärischen Invasion der Ukraine im Jahr 2014 eigenmächtig proklamiert hatten? Es handelt sich hierbei lediglich um eine formale Voraussetzung für die Auslösung eines Krieges im ganzen Land. Ein paar Stunden später ringt sich der Präsident zu einer irrwitzigen 56-minütigen Fernsehansprache[14] durch. Die ersten 17 Minuten (ein Drittel der Rede) verbringt er damit, die Geschichte der Ukraine aus seiner Perspektive darzulegen.

Der russische Staatschef trägt einen schwarzen Anzug und sitzt an seinem Schreibtisch. Die Holzvertäfelung ist dunkel, auf der Seite steht ein Set schwerer cremefarbener Tastentelefone. Hinter Putin wurde die rot-weiß-blaue Trikolore der Russischen Föderation aufgestellt. Das klassische Szenario. Aber rechts steht die Standarte mit den kaiserlichen Hoheitszeichen, dem doppelköpfigen Adler und dem Wappen des heiligen Georg, der den Drachen tötet. Die expansionistische Symbolik ist zu Gast. In diesem etwas überladenen Ambiente macht Putin ein Gesicht wie drei Tage Regenwetter. Die zusammengepressten Lippen lassen erkennen, dass er auf Konfrontation aus ist und seinen Willen durchsetzen will. In einer kurzen Vorbemerkung betont er: »Die

14 *Ansprache des Präsidenten der Russischen Föderation*, 21. Februar 2022, Kremlin.ru.

Ukraine ist nicht bloß ein Nachbarland [für die Russen], sondern ein unveräußerlicher Teil unserer Geschichte, unserer Kultur und unseres spirituellen Raumes.« Dann beginnt der historische Teil der langen Rede: »Seit Menschengedenken …«

Mit solchen Worten leitet man in der Regel einen Diskurs ein, der die Gegenwart mit der Vergangenheit rechtfertigen soll. Doch wie Paul Valéry schrieb: »Die Geschichte rechtfertigt, was immer man will. Sie lehrt absolut nichts, denn es gibt nichts, was sich mit ihr nicht beweisen ließe.« Nach der Geschichte ist normalerweise die Geografie an der Reihe. Putin setzt seine Partitur auch wirkungsvoll in Szene, er macht absichtlich einen tiefen Atemzug, damit alle ihn gut hören können. Es geht ihm – wie oftmals den Führern in der ehemaligen Sowjetunion – darum, die angeblich »aufrichtige« Sorge über ein Thema zu signalisieren, über das er seine Zuhörer trotz allem informieren muss: »Seit Menschengedenken bezeichnen sich die Völker, die im Südwesten der historisch russischen Gebiete leben, als Russen und orthodoxe Christen.«

Der Tenor ist deutlich. Es geht darum, »die Beweggründe für Russlands heutiges Handeln und die Ziele, die wir verfolgen«, zu erklären. Putin fährt fort: »Ich werde mit der Tatsache beginnen, dass die moderne Ukraine gänzlich von Russland geschaffen wurde, oder, genauer gesagt, von den Bolschewiken, dem kommunistischen Russland.« Wladimir Putin reduziert die sowjetische Führung auf das kommunistische Russland, was er beispielsweise nicht tut, wenn es darum geht, gegen die Georgier zu argumentieren, die sich erdreisten zu behaupten, sie seien nur unter Zwang in die UdSSR integriert worden. In diesem Fall verweisen die Machthaber im Kreml eher darauf, dass die Bolschewiken auch Kaukasier waren, allen voran Stalin. Geschichte hat eine variable Geometrie.

Als Beweis für die Nichtexistenz der Ukraine nennt der Präsident Lenin als den Schuldigen, der »extrem grob mit Russland umging, als er eigenes historisches Territorium abtrennte«, aber auch Chruschtschow, der 1954 »Russland die Krim wegnahm«. Dann geht der Redner auf die »frühe Gründungsphase der UdSSR« ein, die Differenzen zwischen den bolschewistischen Anführern, die Frage des Nationalismus. Dabei vergisst er weder die Deklaration zur Gründung der UdSSR von 1922 noch das üble Dokument über ethnische Politik, das im September 1989 vom Plenum des Zentralkomitees der Kommunistischen Partei der Sowjetunion verabschiedet wurde. Putins verworrenes Gerede wird ausgeschmückt mit philosophischen Betrachtungen über die Entstehung von Nationen, die verhängnisvolle Rolle der lokalen Eliten, die Grundlagen der wirtschaftlichen Entwicklung ...

In seinem langen historischen Abriss erwähnt Wladimir Putin mit keinem Wort Moskaus Verantwortung für den Tod von vier bis sieben Millionen Ukrainern, die in den 1930er-Jahren dem Holodomor zum Opfer fielen. Im weiteren Verlauf seiner Rede wertet er das Erbe eines vom ukrainischen Patriotismus wie besessenen Stalin auf, der die politischen und kulturellen Eliten verfolgte und ermorden ließ. Sie waren es nämlich, die die Ukrainische Volksrepublik (1917–1921) gegründet und mit Leben erfüllt hatten und damit den ersten modernen Versuch unternahmen, einen unabhängigen ukrainischen Staat zu schaffen.

Nach und nach streut Wladimir Putin Bemerkungen ein über jene Verwaltungsgebilde, die seiner Meinung nach »Verwaltungseinheiten sind, denen de facto der Status und die Form nationaler staatlicher Einheiten verliehen wurde« – das gilt für die Ukraine, aber wohl auch für Georgien oder Kasachstan. Um es kurz zu machen: Es handelt sich nicht um legitime Staaten, sie haben kein Recht auf Existenz, die Russen sind gezwungen, in die Ukraine einzumarschieren. Auf diesen Wortschwall wird Wolodymyr Selenskyj tags darauf ganz lapidar antworten: »Großes Volk eines großen Landes, wir und unser Staat haben keine Zeit für lange Vorträge über die Geschichte. Ich werde also nicht über die Vergangenheit sprechen, sondern über die Realitäten und die Zukunft.« Zwei grundverschiedene Sichtweisen auf die Welt und die Zeit prallen aufeinander, obwohl Russland und die Ukraine zum gleichen geografischen Raum gehören.

Es fehlt nur noch die Rechtfertigung für den Krieg, der nicht beim Namen genannt wird: In einem Anfall orwellscher Rhetorik redet Putin von einer »militärischen Sonderoperation«. Dann schlägt er einen völlig neuen Ton an: Die Ukraine werde von einer »Bande von Drogensüchtigen und Neonazis« regiert, die im Donbass einen »Völkermord« an der russischsprachigen Bevölkerung begehe. Hier handelt es sich um die auf die Spitze getriebene Fortsetzung eines Diskurses, der unter der Dauerberieselung der letzten acht Jahre langsam in einige europäische Köpfe eingesickert ist. Es spielt keine Rolle, dass 73 Prozent der ukrainischen Bevölkerung einen Präsidenten jüdischer Herkunft gewählt haben, ohne dass jemand etwas dagegen einzuwenden hatte, dass die Familie des Präsidenten von den Nazis ausgelöscht wurde, dass in den Straßen von Kiew fast mehr Russisch als Ukrainisch gesprochen wird und dass ein Völkermord an russischsprachigen Menschen durch Ukrainer, die selbst russisch sprechen, eine intellektuelle Abwegigkeit ist. Die russische Propaganda schreckt vor keiner Verrenkung zurück. Sowohl Moderatoren großer Talkshows wie Wladimir Solowjow oder Olga Skabejewa als auch Margarita Simonjan, die Chefin von Russia Today, Außenminister Sergei Lawrow und sein Botschaftspersonal in der ganzen Welt oder Armeesprecher Igor Konaschenkow, alle wiederholen im Chor, dass die Ukraine »entnazifiziert« werden müsse.

Die Verteufelung des Gegners schafft die politischen und psychologischen Voraussetzungen für die Rechtfertigung weiterer militärischer Aktionen, aber auch für jedes noch so grausame Verhalten. Auf diese Weise wird dem Gegner jegliche Menschlichkeit und jedes Existenzrecht abgesprochen. Ist diese Rede Wladimir Putins ein Ausrutscher? Nein, sie knüpft an eine historische Kontinuität an, die den ukrainischen Nationalismus zu Propagandazwecken mit Radikalismus und Nazismus gleichsetzt. Denn ein kleiner Teil der ukrainischen Nationalisten kompromittierte sich, indem er in den ersten Wochen der deutschen Besetzung der Westukraine 1941 mit den Nazis kollaborierte, und in den 1940er-Jahren fielen jüdische und polnische Bevölkerungsgruppen ethnischen Säuberungen zum Opfer. Zwar ist die Aufarbeitung dieser historischen Tatsachen in der ukrainischen Gesellschaft noch nicht weit fortgeschritten, aber es gibt absolut keine Anzeichen dafür, dass die Nation von Nazis regiert wird.

Genau dies wird jedoch seit Jahren von den russischen Spitzenpolitikern immer wieder behauptet. Dmitri Medwedew, Präsident der Russischen Föderation von 2008 bis 2012, danach Ministerpräsident und später stellvertretender Vorsitzender des Sicherheitsrates, versichert, dass »der heutige ukrainische Radikale in der Schule geprägt wurde«.

Mit anderen Worten: In diesem Land ist man von frühester Kindheit an ein Nazi. Die Aussagen der Politiker werden ungefiltert übernommen und in den Diskussionsrunden des Ersten Programms sowie von den russischen Propagandaorganen aufgebauscht. So wird die Gesellschaft auf das Gerede von den Khokhol – ein hochgradig verletzender Begriff für die Ukrainer – konditioniert. Tatsache ist, dass die extreme Rechte in der Ukraine bei nationalen Wahlen kaum mehr als zwei Prozent erreicht und dass der konservative nationalpatriotische Diskurs von anderen Parteien aufgegriffen wird, die sich innerhalb des demokratischen Rahmens bewegen. Putin ist also im Begriff, eine offizielle Ideologie zu konstruieren, in deren Mittelpunkt die Idee steht, dass sein Regime legitim ist, weil es das absolut Böse bekämpft: den Nationalsozialismus. Daher die gigantische Propagandamaschine, die immer wieder die Opfer des russischen Volkes während des Zweiten Weltkriegs beweihräuchert und dabei die Opfer der anderen Nationen der Sowjetunion, einschließlich der Ukraine, übergeht. Es stimmt, dass die Sowjets einen enormen Preis für den Sieg über den Nationalsozialismus gezahlt haben. In seinem historischen Diskurs instrumentalisiert das Putin-Regime den letzten Weltkrieg, wobei es einige Details wie den deutsch-sowjetischen Pakt von 1939, die Teilung Polens oder die Gräueltaten des Stalinismus geflissentlich übersieht.

Hinter der extrem paranoiden Geschichtsdarstellung schimmert das Hauptproblem durch; es geht keineswegs um die nationale Sicherheit, die durch eine Ausdehnung der NATO auf ehemalige Sowjetrepubliken bedroht ist, sondern um das Überleben des heutigen russischen Regimes selbst. In seiner Fernsehansprache vom 21. Februar sprach Wladimir Putin erst in der 34. Minute zum ersten Mal das Wort »NATO« aus – dafür wiederholte er es in den restlichen 39 Minuten vierzig Mal. Einer der Ideologen der derzeitigen russischen Machthaber, Timofeij Sergejzew, offenbart die Hintergründe des Anti-Nazi-Geschwätzes in Moskau: »Die Besonderheit der modernen nazifizierten Ukraine liegt in ihrer Gestaltlosigkeit und Ambivalenz. Diese ermöglichen es dem Nationalsozialismus, unter dem Deckmantel des Verlangens nach Unabhängigkeit und eines europäischen, westlichen, pro-amerikanischen Entwicklungswegs zu agieren.«[15] Denn das ist das eigentliche Problem: Die Ukraine träumt von Europa, sieht sich im Westen, und der wiederum könnte das russische Volk verführen.

Vom Bluff zur Invasion

Es ist Anfang April 2021, an den Grenzen der Ukraine und an der 457 Kilometer langen Frontlinie im Donbass wächst die Spannung. Seit sieben Jahren stehen sich die Soldaten beider Parteien in einem

15 *Was Russland mit der Ukraine tun sollte,* RIA Novosti, 3. April 2022.

Konflikt gegenüber, der als Krieg niedriger Intensität bezeichnet wird, aber trotzdem sehr real ist. Manchmal sind sie nur einige Dutzend Meter voneinander entfernt, wie in Awdijiwka, kurz vor Donezk. An die Waffenruhe, die Wolodymyr Selenskyj im Sommer 2020 angekündigt hatte, erinnert man sich nur noch schwach. Es kommt immer häufiger zu Scharmützeln, sogenannte separatistische Kräfte schließen sich mit den russischen Streitkräften zusammen und greifen systematisch ukrainische Stellungen mit Scharfschützen an. Die Taktik ist einfach: ukrainische Soldaten töten, ihre Armee provozieren, damit sie mit unverhältnismäßigem Artilleriebeschuss reagiert und Kiew für eine Eskalation des Konflikts und das Scheitern des Friedensprozesses von Minsk II verantwortlich gemacht werden kann. Wolodymyr Selenskyj reist in den Donbass. Er schlüpft in eine kugelsichere Weste und stülpt sich einen Helm über. Noch einmal. Er zieht los und inspiziert die Grenze zu Russland und die Frontlinie, watet durch die schlammigen Gräben der ukrainischen Stellungen. Anfang 2019 war es für viele Soldaten unvorstellbar, dass ein Komiker ohne militärische Erfahrung ihr Oberbefehlshaber werden sollte. Um ein Zeichen zu setzen, besuchte er viele Kasernen, aß mit den Soldaten Borschtsch und machte seine anfänglichen Handicaps durch zwei Waffen wett: Geduld und Aufrichtigkeit. Selenskyj und sein Team sehen intuitiv ein: Das Verteidigungsministerium muss Zivilisten mit einem guten Managerprofil anvertraut werden statt hochrangigen Offizieren, die noch zu Zeiten der Sowjetunion ausgebildet wurden. Nach und nach setzt der Präsident seine Leute ein. Einer, den westliche Diplomaten sehr schätzen, gewinnt an Bedeutung: Oleksij Resnikow. Der künftige Verteidigungsminister ist ein Anwalt, dem das Ministerium für die Wiedereingliederung der vorübergehend besetzten Gebiete übertragen wurde.

Dieses Mal ist die Situation explosiv: Moskau verlegt gerade mehrere Zehntausend Soldaten an die Grenzen der Ukraine, angeblich für militärische Manöver. Innerhalb weniger Wochen werden 80 000 Soldaten entsandt. 2008 benutzte Russland das Manöver »Kawkaz 2008« (»Kaukasus 2008«) als Vorwand, um ganze Divisionen im Norden Georgiens zu stationieren, bevor es im Hochsommer in das Land einfiel. Tiflis hatte den Fehler begangen, zu sehr vom Westen zu träumen und eine Annäherung an die NATO anzustreben, nachdem es die Kontrolle über zwei abtrünnige Gebiete verloren hatte, Abchasien und Südossetien, die von Moskau unterstützt wurden. Schon damals warf der Kreml Georgien vor, ein Nazistaat zu sein. Russische Hacker hatten die Websites der Regierung angegriffen und auf der Startseite ein Foto von Präsident Micheil Saakaschwili mit einem grässlichen Hitlerbärtchen platziert.

Wird sich das Szenario in der Ukraine wiederholen? Am 21. Februar 2021 kündigt das russische Verteidigungsministerium die Stationierung von 3 000 Fallschirmjägern an der Grenze an. Doch die Zahlen steigen schnell an: Nicht nur am Rande des Donbass, sondern auch auf der Krim und um das russische Belgorod in der Nähe von Charkiw werden Einheiten aller Gattungen in Stellung gebracht. In den sozialen Netzwerken wimmelt es von Fotos, auf denen Militärfahrzeuge zu sehen sind, junge russische Soldaten, die durch Flachland und Wälder patrouillieren, auf ausgetretenen Pfaden waten, bäuchlings und mit der Waffe im Anschlag an Böschungen liegen oder Basislager am Rande von Birkenwäldern errichten.

Moskau steigert den Druck: Die Anführer der selbsternannten Volksrepubliken Donezk und Luhansk, die dem Kreml aufs Wort gehorchen, behaupten, dass sie von den ukrainischen Streitkräften »provoziert« würden, und erlauben sich, »präventive Vernichtungsschüsse« auf Stellungen des Feindes abzufeuern. Am 16. März überfliegt ein russischer Hubschrauber vom Typ Mil Mi-8 ukrainisches Staatsgebiet in der Gegend von Sumy im Nordosten der Ukraine. Zehn Tage später werden vier ukrainische Soldaten an der Kontaktlinie getötet. Am 1. April weigert sich die Russische Föderation, die Waffenruhe im Donbass zu verlängern.

Unterdessen stimmt Wolodymyr Selenskyj der »Strategie zur Räumung und Wiedereingliederung der vorübergehend besetzten Gebiete der Autonomen Republik Krim und der Stadt Sewastopol« zu, die von seinem Nationalen Sicherheits- und Verteidigungsrat ausgearbeitet wurde – einem Gremium, auf das er sich zunehmend stützt. Darin wird eine Reihe von diplomatischen, militärischen, wirtschaftlichen, informationstechnischen und humanitären Maßnahmen festgelegt, mit denen die Krim wieder in den Schoß der Ukraine zurückgeholt werden soll. Selenskyj beschließt sogar, zur Mobilisierung der Weltdiplomatie eine »Krim-Plattform« zu organisieren, einen internationalen Gipfel, der am 23. August 2021 in Kiew stattfinden wird. Moskau, das in diesem Gebiet die Stationierung von Truppen vorangetrieben hat, ist verärgert über den Vorstoß. Die NATO ihrerseits startet unter der Bezeichnung »Defender Europe 2021« mehrere Truppenübungen, die größten, die das Atlantische Bündnis seit Jahrzehnten organisiert hat: Von März bis Juni werden 28 000 Soldaten und Offiziere aus 27 Nationen in 30 Übungsgebieten auf dem Staatsgebiet von einem Dutzend Ländern mobilisiert. Moskau verschärft den Druck auf die Ukraine, die bald von fast 100 000 Soldaten eingekreist ist.

Auf dem ukrainischen Teppich findet ein gigantisches verdecktes Pokerspiel statt. Viele westliche Experten sind der Ansicht, dass Wladimir Putin blufft und nicht die Absicht hat, in die Ukraine einzumarschieren. Das glauben auch viele europäische Geheimdienste, da sie die historische Ukraine-Fixierung der russischen Führung unterschätzen. Putin wolle seinem Land den früheren Großmachtstatus zurückgeben, heißt es hier, er suche vor allem ein Vieraugengespräch mit dem neuen US-Präsidenten Joe Biden, liest man dort. Denn der Ende 2020 gewählte Joe Biden verkörpert das Amerika, das Russland so gerne hasst: demokratisch, moralisierend und auf der Weltbühne aktiv. Moskau ist beunruhigt über Bidens Wahl, obwohl der neue Bewohner des Weißen Hauses das aufstrebende China zu seiner geopolitischen Priorität gemacht hat und es so aussieht, also ob er bereit wäre, das Russland-Dossier in eine Schublade zu stecken. Putin merkt sehr wohl, dass sich die Amerikaner nicht mit Europa befassen, deshalb treibt er sein Spiel mit der Ukraine voran.

Tatsächlich begreifen viele Beobachter nur schwer, dass Putin in der Ukraine nicht nur rational, sondern auch furchtbar emotional handelt. Für die Kreml-Führung stellt die Ukraine eine Existenzfrage dar. Die imperialistische Politik, die das Putin-Regime wieder aufleben lassen will, ist fest mit der Idee verbunden, dass Russland die Kontrolle über die Ukraine und ihre Hauptstadt Kiew hat – im Bewusstsein der Russen die »Mutter aller russischen Städte«. Die Kohlevorkommen im Donbass haben für Wladimir Putin nur einen geringen Wert, sie sind eher ein Klotz am Bein. Viel wichtiger ist es, Kiew daran zu hindern, einen anderen, europäischen Zivilisationskurs einzuschlagen, und ein enges nachbarschaftliches Verhältnis zur Ukraine aufrechtzuerhalten. Historistische Spitzfindigkeiten fallen mindestens genauso ins Gewicht wie die US-Raketen, deren Stationierung in der Ukraine von der NATO nie beabsichtigt war.

Dem Kreml bleibt nicht mehr viel Zeit: Seit der Maidan-Revolution verliert Russland *peu à peu* seine Einflussmöglichkeiten im Land. Die jüngere Generation spricht immer häufiger ukrainisch, und viele Einwohner interessieren sich nicht mehr für russische Kulturprodukte. Seitdem das Assoziierungsabkommen zwischen der Ukraine und der Europäischen Union 2017 unterzeichnet wurde und im Schengenraum keine Visa mehr erforderlich sind, reisen immer mehr Ukrainer durch Europa und suchen Arbeit. Kiew blickt nun nach Berlin, Warschau, Vilnius oder Prag und viel weniger nach Moskau. Die pro-russischen Parteien schwächeln und erreichen nur noch eine alternde Wählerschaft in gewissen Gegenden im Süden und Osten der Ukraine. Und schließlich entsteht 2019 eine vereinigte orthodoxe Landeskirche und erhält die Anerkennung des ökumenischen Patriarchen von Konstantinopel, sodass die einflussreiche ukrainisch-orthodoxe Kirche des Moskauer Patriarchats – der verlängerte Arm des Kremls – an den Rand gedrängt wird.

Wladimir Putins Feldzug im Jahr 2021 ist auch persönlich motiviert, das sollte man keinesfalls außer Acht lassen. Am 2. Februar unterzeichnet Wolodymyr Selenskyj einen Erlass, der drei pro-russische Fernsehsender verbietet: Zik, NewsOne und 112. Diese Medien, die

Kreml-Propaganda verbreiten, haben Selenskyj vor allem seit Beginn der Covid-19-Pandemie verrissen. Sie forderten unter anderem die Verwendung des russischen Impfstoffs Sputnik-V in der Ukraine, was für die große Mehrheit der Bevölkerung undenkbar ist. Nun ist es so, dass alle drei Viktor Medwedtschuk gehören, einem Politiker und Geschäftemacher, der seit vielen Jahren Wladimir Putins wichtigster Kontakt in der Ukraine ist.

Die beiden Männer lernten sich kennen, als Medwedtschuk zwischen 2002 und 2005 unter Leonid Kutschma die Präsidialverwaltung führte. Damals knüpfte er eine persönliche Beziehung zu Wladimir Putin, der seit Mai 2000 die Geschicke Russlands leitete. Kutschma verfolgte eine Politik des Ausgleichs zwischen Russland und dem Westen. Er wollte gute Beziehungen zu Moskau, das er fürchtete, und sicherte sich seine Macht durch zahlreiche Arrangements mit seinem Nachbarn, wie z. B. billiges russisches Gas und Kredite zu niedrigen Zinssätzen. Im Gegenzug brachte Kiew das Boot nicht ins Wanken. Viktor Medwedtschuk, der beim Austausch dieser Gefälligkeiten eine zentrale Rolle spielte, war im Hintergrund dafür verantwortlich, dass alle Seiten auf ihre Kosten kamen.

2004 übernahm Wladimir Putin die Patenschaft für die kleine Daryna, die Tochter von Viktor Medwedtschuk. Die Familien kamen sich näher, in einem Video sieht man beide Männer in der Krim-Villa des

Chefs der Präsidialverwaltung: lächelnd und in weißen Hemdsärmeln, dahinter das blaue Wasser des Schwarzen Meeres. In einem Anflug von guter Laune hält der nette Pate aus Moskau die kleine Daryna in ihrem geblümten Kleidchen hoch. In Russland wie auch in der Ukraine nennt man das *Kum* (Pate). Die Patenschaft für ein Kind schafft ein Band der gegenseitigen Verpflichtung und Treue zwischen den Familien. Das politische Leben in der Ukraine ist stark von Kum-Verbindungen geprägt.

Viktor Medwedtschuk, der nach der Maidan-Revolution als »toxisch« galt, wird von Petro Poroschenko als direkter Gesprächskanal zu Putin genutzt, um über Angelegenheiten im Zusammenhang mit dem Donbass, einschließlich der Freilassung von Gefangenen, zu diskutieren. Bis 2021 leitet der Abgeordnete die pro-russische Oppositionsplattform »Für das Leben«, die Selenskyj das Leben schwer macht und trotz einer relativ niedrigen Wählerbasis in den Umfragen regelmäßig den zweiten Platz belegt. Anfang Februar 2021 zückt Wolodymyr Selenskyj die Waffe: Sein Nationaler Sicherheitsrat verdächtigt Viktor Medwedtschuk, die vorgeblichen Separatisten im Donbass zu finanzieren. Er wird des Verrats angeklagt. Sein Vermögen wird eingefroren und seine Fernsehsender abgeschaltet. Selenskyj hat ein Mitglied von Putins Familie ins Visier genommen, den einzigen Mann, dem der Kremlherr in der Ukraine vertraut. Für ihn ist das eine regelrechte Kriegserklärung.

Während die ohnehin schon wenigen Brücken zwischen Kiew und Moskau eine nach der anderen einstürzen, blickt Wolodymyr Selenskyj nun entschlossen Richtung Washington. Jetzt, wo die Turbulenzen der Trump-Ära vorbei sind, will er dem neuen US-Präsidenten gefallen. Das neue ukrainische Führungsteam möchte dem »Biden-Kabinett ein Willkommensgeschenk machen«, wie ein enger Mitarbeiter Selenskyjs dem Russland- und Ukraine-Korrespondenten des *Time*-Magazins Simon Shuster anvertraut. Der Selenskyj-Clan plant, zwei Fliegen mit einer Klappe zu schlagen: erstens einen gefährlichen Oppositionspolitiker zu neutralisieren. Zugegeben, er ist pro-russisch, aber vor allem geht er im Südosten unter den einfachen Leuten auf Stimmenfang; zweitens dem Weißen Haus Zugeständnisse zu machen.

Die ukrainische Justiz knöpft sich also Medwedtschuk vor. Im Mai wird der Maulwurf des Kremls unter Hausarrest gestellt. Putin spuckt Gift und Galle. »Das ist eine eklatante Säuberung des politischen Spektrums«, die aus der Ukraine eine »Art Anti-Russland« zu machen drohe. Denn für ihn kann es keine Ukraine ohne russische Agenten geben. »Entweder Russland übt auf friedlichem Wege einen gewissen Einfluss [in der Ukraine] aus, oder es tut dies mit Gewalt. Eine dritte Option gibt es nicht«, sagt Oleg Woloschin, einer der Assistenten von Medwedtschuk, im Gespräch mit Simon Shuster.

Angesichts der beeindruckenden Mobilisierung russischer Truppen an der Grenze zur Ukraine im Frühjahr 2021 willigt Joe Biden ein, Wladimir Putin am 16. Juni in Genf zu treffen. Als das Treffen vereinbart ist, befiehlt Putin seinen Truppen einen symbolischen Rückzug um einige Dutzend Kilometer. In Genf will der russische Präsident seinem amerikanischen Amtskollegen strategische Zugeständnisse abringen: in Bezug auf die Ukraine, die Sicherheitsarchitektur in Europa, die NATO ... Die Russen kehren wie aufgezogen aus der Schweiz zurück. Sie sind befriedigt, dass sie vor aller Welt als ebenbürtige Partner der Weltmacht Nr. 1 erscheinen, auch wenn ihr Bruttoinlandsprodukt nur an elfter Stelle steht ...

Obwohl Washington von seinem Titanenduell mit Peking beansprucht wird, macht es Moskau keine wesentlichen Zugeständnisse, schon gar nicht in Bezug auf die Neuausrichtung der NATO in Europa. Im Oktober beginnt Russland erneut, sein militärisches Netz entlang der ukrainischen Grenze zu spinnen. Der US-Geheimdienst ist besorgt und gibt gewisse Informationen frei, die durch die Presse an die Öffentlichkeit gelangen. Im Herbst erkennen die Amerikaner, dass in den kommenden Monaten eine Invasion der Ukraine bevorsteht. Neu ist, dass diese auch durch das Staatsgebiet von Belarus erfolgen wird, das bis anhin gegenüber der Ukraine neutral geblieben war. Von Woche zu Woche steigt die Zahl der russischen Soldaten an der Grenze des Hoheitsgebiets. Die CIA teilt ihre Informationen mit ihren europäischen Kollegen.

Selenskyj ist schlecht gelaunt, denn mit ihren dramatisierenden Prognosen bringen die Amerikaner die Wirtschaft seines Landes gefährlich ins Wanken. Es kommt zu einem Einbruch der ausländischen Direktinvestitionen. Die Zentralbank muss die Hrywnja stützen, die Anzeichen von Schwäche zeigt. Jede Woche machen die *Washington Post* oder *CNN* neue Enthüllungen, sogar von Angriffen auf Kiew ist die Rede. Der ukrainische Präsident ist gereizt und sucht die Schuld bei den Amerikanern: »[Die Vereinigten Staaten] tragen zu dieser Informationsdynamik bei, die an unseren Grenzen entsteht. Sie haben erkannt, dass es Risiken gibt, sie betonen es ständig, sie äußern sich so deutlich und brisant wie möglich, was meiner Meinung nach ein Fehler ist«, sagt er Ende Januar 2022. »Ich glaube nicht, dass die Lage schlimmer ist als 2014. Ich möchte nicht, dass die Ukraine das Ergebnis einer Konfrontation zwischen den Präsidenten Biden und Putin ist.«

Nach Aussagen eines westlichen Diplomaten, der mit dem Dossier vertraut ist, glaubt Selenskyj Anfang Februar nicht an die Hypothese einer groß angelegten russischen Invasion. Die Verwaltung in Kiew tippt auf einen militärischen Vorstoß im Donbass. Doch an diesem hitzigen Jahresbeginn 2022 stellen die Russen sehr hohe Ansprüche: Sie fordern in Form eines Ultimatums, dass die Ukraine niemals in die NATO aufgenommen wird und dass Washington seine Truppen aus Osteuropa abzieht. Am 18. Januar erlangt der US-Geheimdienst die endgültige Gewissheit, dass Putin tatsächlich einen Krieg auslösen wird. Am frühen Morgen des 24. Februar wird es so weit sein.

6

Der komplizierte Westen

Erste Schritte

Die ukrainischen Präsidentschaftswahlen im März 2019 drohten langweilig zu werden, doch in Wirklichkeit werden sie sehr aufregend und von einer radikalen, überraschenden, erfrischenden und sogar beunruhigenden Modernität sein. Die internationalen Medien und die Experten für postsowjetische Politik entdecken das Phänomen Selenskyj/Holoborodko mit einer Mischung aus Verblüffung, Neugier, aber auch Überheblichkeit. Die Redaktionen vertiefen sich in die Biografie von Selenskyj, dessen Bekanntheitsgrad nicht über die Grenzen der russischsprachigen Länder hinausreicht. Die Eifrigsten sehen sich *Diener des Volkes* auf Netflix oder YouTube an und lernen dabei Präsident Holoborodko kennen.

Sofort werden in der internationalen Presse Klischees bedient. »Der ukrainische Coluche«, heißt es auf französischen Websites, während die Italiener den Mann mit Beppe Grillo und seiner 5-Sterne-Bewegung vergleichen. Alle wollen sie Selenskyj kennenlernen, der nach einem missglückten Interview mit der BBC, die ihn über seine Verbindungen mit dem Oligarchen Ihor Kolomojskyj ausgequetscht hat, nun mit der Presse Verstecken spielt. Das PR-Team von Kwartal 95 ist bemüht, seinen Champion nicht mit einem ausländischen Journalisten allein zu lassen, und errichtet eine Art *Cordon sanitaire* um den Kandidaten, als wolle es die anfängliche Leere in seinem politischen Programm verbergen. Die Startphase ist für den »Instagram-Kandidaten« wirklich schwierig. Als die Rakete in den Umfragen abhebt, überkommt die diplomatische Gemeinschaft in Kiew ein Schaudern. Besonders die »Gruppe der G7-Botschafter in der Ukraine«, ein sehr einflussreiches informelles Gremium, das einen ständigen Kontakt mit den nationalen Behörden unterhält, bekommt Gänsehaut. »Allein die Vorstellung, dass ein Typ wie Selenskyj Oberbefehlshaber der Armee in einem Land wird, in dem Krieg herrscht, löst bei uns eine grenzenlose Fassungslosigkeit aus«, vertraut uns Anfang 2019 ein in der Hauptstadt tätiger EU-Diplomat an.

Alle Botschafter möchten den Kandidaten treffen, ihn einschätzen, sich ein Urteil über ihn bilden und ihre Regierungen mit Aktennotizen eindecken. Einige werden zu einem Interview eingeladen, und dann findet Mitte Februar 2019 ein erstes Treffen zwischen Wolodymyr Selenskyj und den europäischen Botschaftern statt, das die Form einer großen mündlichen Prüfung annimmt. Schluss mit Instagram und YouTube, an diesem Tag betritt ein sehr nervöser Selenskyj den Sitzungssaal der Delegation der Europäischen Union in Kiew. Der Schauspieler hat keine Lust herumzualbern, er würde sich am liebsten in einem Mauseloch verkriechen. Der leicht roboterhafte Gang, mit dem er auf die Diplomaten zusteuert, verrät eine gewisse Scheu, diese vornehme Arena zu betreten. Er weiß nicht genau, wie er sich verhalten soll, wie er diese ehrenwerten Persönlichkeiten begrüßen soll, die nicht zu seinem Umfeld gehören. Nach einigen äußerst vagen einleitenden Worten erklärt er sich bereit, die Fragen der Diplomaten zu beantworten. Bereit? Nicht wirklich. Eigentlich überhaupt nicht ...

»Er war nicht gut, hatte überhaupt keinen Überblick über die Akten und beherrschte manchmal nicht einmal die elementaren Grundlagen bestimmter internationaler Fragen«, erzählt einer der beim Treffen anwesenden Botschafter. »Von seinem schlechten Englisch ganz zu schweigen! Er musste sich alles übersetzen lassen, sogar die einfachsten Fragen. Selenskyj bemühte sich, ukrainisch zu sprechen, worin er nicht gut war. Seine Antworten oder Antwortansätze waren sehr allgemein. Im Grunde wandte er sich bei jeder Frage an Ruslan Stefantschuk, einen Juristen. Er war der Hauptverfasser seines Programms und galt als Ideologe der neu gegründeten Partei Sluha Narodu. Stefantschuk war ziemlich gut, erweckte jedoch keinen sonderlich guten Eindruck, weil sein Anzug schlecht saß. Am Ende waren wir alle enttäuscht. Was, wenn er in zwei Monaten die Geschicke des Landes lenkt?«, führt der Botschafter weiter aus.

Die nationale Presse, der Selenskyj ebenfalls sorgfältig aus dem Weg geht, ist vernichtend. »Die Vertreter aus dem Ausland sorgen sich in erster Linie um die nationale Sicherheit, denn mit Wladimir Putin und seiner aggressiven Politik vor der Haustür ist ein unvorbereiteter Präsident ein großes Risiko für die Ukraine«, schreibt die führende Wochenzeitung *Nowoe Wremya (NV)*, die Informationen über das Treffen erhalten hat. Mit Besorgnis stellen die Beobachter fest, dass Wolodymyr Selenskyj ein äußerst ungenaues Verständnis von Begriffen wie NATO, OSZE, der Funktionsweise der Europäischen Union, makroökonomischen Fragen, dem Gasproblem mit Russland und sogar der Arbeitsweise der ukrainischen Staatsorgane hat.

Isabelle Dumont, damals Botschafterin in der Ukraine und heute Mitglied des diplomatischen Stabs von Emmanuel Macron im Élysée-Palast, berichtet: »Wir alle kamen ratlos aus diesem Meeting heraus. Aber obwohl er nicht gut vorbereitet war, ging von ihm ein gewisses Charisma und eine feste Entschlossenheit aus, trotz seiner Schüchternheit. Die Tatsache, dass er sich innerhalb weniger Wochen einen festen Platz in den Umfragen erobern konnte, zeigte, dass es mit dieser Kandidatur etwas auf sich hatte. Danach hat er an allem gearbeitet, an den Themen und an seinem Englisch. Nach ein paar Monaten war er nicht mehr derselbe Mann«, fährt die Diplomatin fort, die bestens über die ukrainischen Verhältnisse informiert ist.

Mehrere Quellen berichten, dass Selenskyjs Team ziemlich traumatisiert aus diesem ersten Gespräch mit den Vertretern der internationalen Gemeinschaft herauskam. Daraufhin legt sich der Kandidat ins Zeug und verlangt Merkblätter. Persönlichkeiten, die als Reformer eingestuft werden, schließen sich seinem Lager an, und zwar sowohl aus Ablehnung gegenüber Petro Poroschenko, der die Hoffnungen der Maidan-Generation enttäuscht hat, als auch, um das »unbeschriebene Blatt« der Selenskyj-Kandidatur zu füllen. »Da wir nicht genau wissen, was er vorhat, und er kein richtiges Programm besitzt, können wir ihm vielleicht ein paar Dinge vorschlagen, die für das Land wichtig sind«, meint ein ehemaliger Minister von Petro Poroschenko, der sich dem Team nur halbherzig angeschlossen hat. Der Mann trifft sich regelmäßig mit Oleksandr Danyljuk, dem ehemaligen Finanzminister Poroschenkos, der unter anderem die Privatisierung der PrivatBank abgewickelt hat. Tatsächlich ist es so, dass bei den wenigen öffentlichen Terminen oft die Berater die Fragen anstelle des Kandidaten beantworten. Selenskyj, der es sich zur Gewohnheit gemacht hat, seine morgendlichen Workouts im Fitnessstudio für Instagram zu filmen, gibt sich große Mühe, die ukrainische Sprache besser zu beherrschen. Wenn er einen Grundgedanken noch nicht verinnerlicht hat, macht er nun dank seiner Schauspielerfahrung und der Fähigkeit, sich Texte zu merken, dennoch einen guten Eindruck.

Am Abend des 31. März 2019 erzielt Wolodymyr Selenskyj nach dem ersten Wahlgang 30,24 Prozent der Wählerstimmen, gegenüber 15,95 Prozent für den amtierenden Präsidenten. Die »Ze-Welle«[16], wie das Phänomen mittlerweile genannt wird, rollt an. Politologen und Meinungsforscher stellen ihre Berechnungen an: Petro Poroschenko wird den Rückstand nicht mehr aufholen können. Der französische Staatspräsident, der als Schirmherr des Normandie-Quartetts eine sehr wichtige Rolle bei den Verhandlungen zwischen der Ukraine und Russland spielt, lädt die beiden für die Stichwahl qualifizierten Kandidaten nach Paris ein. Am Nachmittag des 12. April steigen beide die Stufen zum Élysée-Palast hinauf.

»Wolodymyr Selenskyj wollte sich auf dieses Treffen gut vorbereiten. Deshalb kam er zu mir. Er war sehr aufgeregt, denn es war seine erste Begegnung mit einem Staatschef, abgesehen von den Gouverneuren seines Landes. Er stellte mir viele Fragen, insbesondere über das Protokoll. Vor allem aber sprachen wir ausgiebig über seine Sichtweise der Verhandlungen mit Russland, über die absolute Notwendigkeit, die Einheit der Ukraine zu bewahren: Er wollte Frieden mit Russland schließen, er war weder hasserfüllt noch auf Krieg aus, aber dieser Friede

16 »Ze-Welle« von der frz. Schreibweise »Zelensky« abgeleitet (A.d.Ü.).

durfte nicht auf Kosten der Souveränität der Ukraine geschlossen werden«, erinnert sich Botschafterin Isabelle Dumont. Der Flug von Kiew nach Paris in der Economy-Klasse ist surreal. Der zukünftige Präsident kommt während des dreistündigen Flugs kaum dazu, sich zu setzen. »Jeder Passagier wollte unbedingt ein Selfie mit ihm machen«, blickt die französische Diplomatin amüsiert zurück. »Er ließ sich bereitwillig darauf ein, mit einer Mischung aus Verlegenheit und echter Begeisterung.«

Dass Wolodymyr Selenskyjs erste Schritte so zaghaft ausfallen, liegt nicht nur an seiner Unerfahrenheit, sondern auch daran, dass er Europa noch nicht ganz auf seinem Radar hat. Damals ist Selenskyjs reale Welt für einige Zeit noch die Ukraine – »mit einem gewissen Provinzialismus«, wie ein ukrainischer Journalist feststellt, da es im Freundeskreis des Kandidaten nur wenige Leute aus Kiew gebe. Aber zu seiner Lebenswelt gehören auch Russland, dessen Codes er beherrscht, oder die Türkei, wo Kwartal 95 jeden Sommer ein Comedy-Festival veranstaltet. 1929 flog Charles de Gaulle »mit einfachen Ideen [...] in den komplizierten Orient«[17]. Im Frühjahr 2019 hätte Selenskyj sagen können: »Mit einfachen Ideen flog ich in den komplizierten Westen.« Der Umgang mit dem politischen Westen wird für den jungen Präsidenten ein komplizierter Lernprozess sein ...

17 »Vers l'Orient compliqué, je volais avec des idées simples« (Mémoires de guerre, (A.d.Ü.).

Die Konfrontation mit Trump

»*Sorry, but I don't want to be involved to democratic, opened... vybori?*« (»Entschuldigung, aber ich will mich nicht in demokratische, offene ...vybori? ... einmischen.«) Wolodymyr Selenskyjs Englisch ist zwar besser geworden, aber es reicht noch nicht ganz aus. Er wendet sich dem Dolmetscher zu, der ihm das ukrainische Wort übersetzt: «*Elections! Elections of USA* ...« Der Akzent ist deutlich, das Vokabular nicht präzise, jede Äußerung ist mit Fehlern gespickt. Wolodymyr Selenskyj tut sich schwer an diesem 25. September 2019 am Rande der UN-Generalversammlung – er reist zum ersten Mal als Präsident in die Vereinigten Staaten von Amerika. Im Saal des Lotte New York Palace Hotels, wo er neben Donald Trump sitzt, prasseln die Fragen der amerikanischen Journalisten auf ihn ein. Die erste Begegnung dieser beiden außergewöhnlichen Phänomene der Weltpolitik wurde mit Spannung erwartet: nicht nur, weil Selenskyjs kometenhafter Aufstieg oft – und zu Unrecht – mit dem Trump-Phänomen verglichen wurde, sondern weil sich die USA mitten in der »Ukraine-Affäre« befinden. Seltsamerweise hat sich die ukrainische Innenpolitik in den amerikanischen Wahlkampf eingeschlichen, und der wiederum belastet die ersten Monate von Selenskyjs Amtszeit.

Der ukrainische Präsident und sein Presseteam wussten sehr wohl, dass diese peinlichen Fragen gestellt würden. Um Haltung zu bewahren und entspannt zu wirken, versucht er, die joviale Haltung des amerikanischen Showmans einzunehmen. Doch Donald Trump hält sich kerzengerade, während Selenskyj den Kopf einzieht, als wolle er im Erdboden versinken. Unweit davon, außerhalb des Kamerabildes, beißen die Berufsdiplomaten des ukrainischen Außenministeriums die Zähne zusammen, als sie die Unbeholfenheit ihres Präsidenten beobachten, der wirklich wie ein Greenhorn wirkt und einen Patzer nach dem anderen macht.

So bedauert Wolodymyr Selenskyj höchst undiplomatisch, dass Barack Obama, der Vorgänger von Donald Trump, »keine Zeit gefunden hat, in die Ukraine zu kommen«. Die Journalisten lächeln über so viel Arglosigkeit. Vielleicht findet sein Amtskollege die Zeit, »[unser] großes Land« zu besuchen, in dem er noch nie war? »Ich werde es versuchen«, murmelt sein Gesprächspartner, mit einem Mienenspiel und in einem Tonfall, die erkennen lassen, dass er wirklich Besseres zu tun hat. Vielleicht möchte er Wolodymyr Selenskyj entgegenkommen oder die Unterhaltung auf eines seiner eigenen Interessengebiete lenken, jedenfalls erinnert Donald Trump daran, dass eine Ukrainerin bereits einmal die von einer seiner Firmen organisierte Miss-Universe-Wahl gewonnen habe. Betretenes Schweigen.

Die beiden Präsidenten beschnuppern sich. Wolodymyr Selenskyj versucht, den Bewohner des Weißen Hauses für sich einzunehmen, indem er wie ein Verkäufer auftritt. Er preist die Geschäftsmöglichkeiten an, das Business in der Ukraine, eine neue Regierung, die das Land zum florierendsten in Europa machen will, den Kampf gegen die Korruption ... Trump lächelt höflich und beschränkt sich auf zwei Punkte: Erstens soll die Ukraine vorab gemeinsam mit Wladimir Putin Fortschritte bezüglich eines Friedens im Donbass erzielen. Zweitens soll Kiew seine Hausaufgaben machen und das Korruptionsproblem lösen. Nur meint der US-Präsident mit dem Ausmisten des erwähnten Augias-Stalles etwas völlig anderes als die ukrainischen Reformer: Er will Joe Biden zu Fall bringen, der ihn an einer zweiten Amtszeit als US-Präsident hindern könnte.

Im Grunde genommen sind die USA für Wolodymyr Selenskyj zu Beginn seiner Amtszeit eine harte Nuss, denn es liegt ein Skandal in der Luft. Schon gleich nach der Wahl des Schauspielers melden Trumps Männer sich in Kiew großspurig an. Im Auftrag von Rudy Giuliani, dem persönlichen Anwalt Donald Trumps, kreuzen Abgesandte in der Hauptstadt auf. Per E-Mail oder über ukrainische Politiker versucht Giuliani, einen direkten und sehr eigennützigen Zugang zu Selenskyj zu erhalten, der gezwungen ist, entsprechend zu filtern. Am 25. Juli 2019 findet das allererste Telefongespräch zwischen den beiden Präsidenten statt. Wie wir später von einem Whistleblower erfahren, versucht Trump dabei, seinen jungen Amtskollegen unter Druck zu setzen, damit er »etwas mit dem Generalstaatsanwalt« der Ukraine unternehme. Mitten in den Vorbereitungen des US-Wahlkampfs soll er Selenskyj gebeten haben, die Justiz seines Landes auf Joe Biden anzusetzen.

Willkommen im Sumpf der Burisma-Affäre! Alles beginnt 2014, nach der russischen Offensive im Donbass. Barack Obama beschließt, seine Administration in Kiew stärker zu unterstützen. Sein damaliger »Mr. Ukraine« ist kein anderer als Vizepräsident Joe Biden. Bereits im April fordert er die ukrainische Regierung auf, sich unabhängiger von russischem Gas zu machen. Moskau soll mit Gazprom einen seiner wichtigsten Einflusshebel verlieren. Im Juni 2014 wird Hunter Biden, der Sohn des Vizepräsidenten, in den Vorstand von Burisma berufen. Die Firma ist eines der größten ukrainischen Gasunternehmen und wird von Mykola Slotschewskyj geleitet, einem kleinen pro-russischen Oligarchen. Das Problem ist, dass Hunter Biden, ein Neuling im Energiesektor, noch nie einen Fuß in die Ukraine gesetzt hat. Das hindert ihn jedoch nicht daran, für seine mickrigen Dienste üppige Bezüge zu kassieren – bis zu 83 000 US-Dollar[18] in manchen Monaten. Nichts Illegales, werden Juristen später sagen, aber aus moralischer Sicht ist

18 Hunter Biden »was paid $ 83,333 a month by Ukrainian gas company to be a ›ceremonial figure‹ with a ›powerful name‹, while his firm got a total of $ 3,4 million« (Hunter Biden »bezog 83 333 US-Dollar pro Monat von ukrainischer Gasfirma, als ›Repräsentationsfigur‹ und ›einflussreicher Name‹, während seine Firma insgesamt 3,4 Millionen US-Dollar einstrich«, A.d.Ü), Ariel Zilber in Daily Mail (UK), 19. Oktober 2019.

das Manöver fragwürdig, zumal der Vater den Ukrainern ständig die Leviten liest in Sachen Korruptionsbekämpfung.

2015 leitet der Generalstaatsanwalt der Ukraine Wiktor Schokin, ein bekanntermaßen korrupter Mann aus der Janukowitsch-Ära, Ermittlungen gegen Burisma ein. War es ein politischer Auftrag oder ein Versuch, die Gasgesellschaft zu erpressen? Das werden wir wohl nie erfahren. Jedenfalls macht »Joe la gaffe«[19], wie der etwas redselige Biden manchmal genannt wird, im Januar 2018 bei einer Podiumsdiskussion des Thinktanks Council on Foreign Relations eine vertrauliche Bemerkung zu viel: »Ich kann mich daran erinnern, dass ich zwölf oder dreizehn Mal in der Ukraine war. Einmal sagte ich zu Premierminister [Arsenij] Jazenjuk und Präsident [Petro] Poroschenko, dass ich die Kreditgarantie in Höhe von einer Milliarde Dollar nicht genehmigen werde, wenn Staatsanwalt Schokin nicht innerhalb von sechs Stunden geschasst wird. Sechs Stunden später war dieser Hurensohn gefeuert.«[20] Schokins Nachfolger wird den Fall Burisma zehn Monate später zu den Akten legen.

Diese Enthüllungen sind ein gefundenes Fressen für Donald Trump, der versucht, daraus Kapital zu schlagen, als Joe Biden zum Kandidaten

19 Anspielung auf die französische Comicfigur Gaston Lagaffe, die von einem Fettnäpfchen ins andere tritt, und gleichzeitig auf den englischen Ausdruck »gaffe« mit der Bedeutung eines Fehlers oder Versprechers bei einem öffentlichen Auftritt (A.d.Ü.).

20 »Foreign Affairs Issue Launch with Former Vice President Joe Biden«, Website des Council on Foreign Relations, 23. Januar 2018.

der Demokraten gewählt wird. Im Frühjahr und Sommer 2019 versucht ein ganzes Geschwader von US-Anwälten, Mittelsmännern und Diplomaten, Wolodymyr Selenskyj in die Knie zu zwingen, damit er den Fall Burisma wieder aufrollt. Der Präsident ist wie gelähmt: Es könnte ihn teuer zu stehen kommen, Trumps Männer abblitzen zu lassen, wo doch die Ukraine dringend amerikanische Militärhilfe benötigt, insbesondere die berühmten Javelin-Raketen, die gegen russische Panzer eingesetzt werden könnten. Angenommen, die Demokraten gewinnen die Wahl, wie soll man ihnen dann erklären, dass man in Kiew bereit war, mit dem Teufel zu paktieren?

Das neue Führungsteam ist noch sehr unerfahren. Es stützt sich hauptsächlich auf die befreundeten Produzenten und Drehbuchautoren von Kwartal 95. Andriy Bogdan, der schillernde Anwalt Ihor Kolomojskyjs, wird zum Leiter der Präsidialverwaltung ernannt, ist aber hauptsächlich damit beschäftigt, das »Turbo-Reformprogramm« umzusetzen, das Selenskyj ankurbeln möchte. Im Schatten steigt ein Mann auf: Andrij Jermak, ein Rechtsanwalt und Produzent audiovisueller Inhalte, der seit Langem mit Selenskyj befreundet ist und von diesem umgehend zum Sonderberater für außenpolitische Fragen ernannt wird. »Jermak ist damals der einzige in Selenskyjs engerem Kreis, der halbwegs gut englisch spricht«, sagt eine Quelle. Jermak etabliert sich als Kontaktperson der Amerikaner, wird aber parallel dazu im Rahmen des Minsk-II-Prozesses auch zum Gesprächspartner der Russen. Er macht eine steile Karriere. Der Mann folgt dem Präsidenten wie sein Schatten. Im Februar 2020 wird er zum Bürochef des Präsidenten ernannt. Damit ist er der unangefochtene Chef der Bankowa. Im Kriegsjahr 2022 ist Andrij Jermak mehr denn je Selenskyjs Vertrauensmann.

Im Sommer 2019 wird klar, dass Donald Trump beschlossen hat, die Ukraine und ihren Präsidenten zu instrumentalisieren. Er will Informationen sammeln, die beweisen, dass Joe Biden die ukrainische Justiz unter Druck gesetzt hat, um die Ermittlungen gegen Burisma zu stoppen und seinen Sohn zu schützen. Damit will er seinen Gegner ausstechen. »Es wird viel über Bidens Sohn gesprochen, darüber, dass Biden das Verfahren eingestellt hat, und viele Leute wollen mehr wissen. Es wäre also großartig, wenn Sie etwas mit dem Generalstaatsanwalt machen könnten. [...] Biden hat sich damit gebrüstet, die Anklage gestoppt zu haben, wenn Sie sich also erkundigen könnten«, schlägt Donald Trump am 25. Juli Wolodymyr Selenskyj maliziös vor. Die Niederschrift des Gesprächs wird kurz vor Wolodymyr Selenskyjs erstem Besuch bei den Vereinten Nationen veröffentlicht. Man könnte meinen, dass es sich um eine Episode der vierten Staffel von *Diener des Volkes* handelt ...

Doch Selenskyj lernt in Echtzeit, was *Realpolitik*[21] ist. Vor dem Hintergrund des Krieges mit Russland im Donbass wird er von seinem amerikanischen Verbündeten auf unerträgliche Weise erpresst: Donald Trump hat seinen Generalstabschef angewiesen, eine Militärhilfe in Höhe von 400 Millionen US-Dollar auszusetzen, solange Kiew sich nicht seinem Willen beugt. Die Angelegenheit wird noch viele überraschende Wendungen nehmen, bis Trump am 18. Dezember 2019 vom Repräsentantenhaus in Washington angeklagt wird. Es wird das dritte Amtsenthebungsverfahren *(Impeachment)* gegen einen US-Präsidenten sein. Die Ukraine schafft es in die Nachrichten aller US-Netzwerke, und Wolodymyr Selenskyj wird auf eine Art berühmt, auf die er sicher gern verzichtet hätte.

In diesem schlechten Film beteuert der ukrainische Staatschef die ganze Zeit, dass er nicht unter Druck gesetzt worden sei. »Niemand kann Druck auf mich ausüben, da ich der Präsident eines unabhängigen Landes bin. Die einzige Person, die mir Druck machen kann, ist mein sechsjähriger Sohn«, sagt er einmal, ohne ganz zu überzeugen. Seine diplomatische Feuertaufe glich einem groben Initiationsritual. Sie fand in einem Kontext statt, der für die Zukunft oder sogar das Überleben der Ukraine von entscheidender Bedeutung ist: Russlands Gasprojekte zur Umgehung des ukrainischen Staatsgebiets (Nord Stream 2) und die

21 Der Begriff »Realpolitik« ist auch im Origininal deutsch (A.d.Ü.).

Lieferung moderner Waffen, um Wladimir Putins Absichten im Donbass Einhalt zu gebieten. Die Burisma-Affäre wird die Beziehungen zwischen der Ukraine und ihrem strategischen Verbündeten USA auch nach der Wahl von Joe Biden im November 2020 stark belasten: Die neue demokratische Regierung, von der man eigentlich mehr Wohlwollen gegenüber der Ukraine erwartete, wird Selenskyjs Umfeld mit Misstrauen begegnen, als ob sie ihn immer noch verdächtigte, bereit gewesen zu sein, Donald Trump nachzugeben. Bei verschiedenen Gelegenheiten wird Selenskyj keinen Hehl daraus machen, dass ihn die herablassende Haltung Washingtons gegenüber Kiew verärgert. Das Missverständnis wird sich nicht ganz auflösen, auch nicht am Vorabend des russischen Einmarsches in die Ukraine im Februar 2022.

Der Traum von Europa

Es gibt eine Redensart in der ukrainischen Sprache, die besagt, dass man sich seine leibliche Familie nicht aussuchen kann: *Sim'iou ne obyraiout*. In den letzten zehn Jahren hat die Ukraine jedoch ihre geopolitische Familie gewählt, das heißt Europa. Das Jahr 2013 stellt eine Zäsur dar in der Wahrnehmung, die die Ukrainer von ihrer Stellung auf dem europäischen Kontinent haben. Als Präsident Viktor Janukowitsch am 21. November 2013 auf Druck Moskaus die Vorbereitungen für die Unterzeichnung eines Assoziierungsabkommens mit der Europäischen

Union einstellt, kommt es zu Protesten, die später als »Revolution der Würde« bezeichnet werden. Das gebrochene Versprechen und die grassierende Korruption des Janukowitsch-Regimes führen dazu, dass eine wachsende Zahl von Ukrainern die Mitgliedschaft in der EU anstrebt und dieses Verlangen pragmatisch als Hebel für die Veränderung ihrer Gesellschaft und ihres Staates nutzt.

Was ist mit der Aussage gemeint, dass sich die Ukrainer als Europäer fühlen? Im Jahr 2017, vor der Aufhebung der Schengen-Visa für Europäer, die in die EU einreisen wollen, führten drei namhafte Meinungsforschungsinstitute eine Umfrage durch. Sie ergab, dass 38 Prozent der Ukrainer sich als Europäer fühlen, aber 55 Prozent von ihnen sich nicht als Europäer bezeichnen.

Die Identifikation mit Europa ist im Westen des Landes und in den Großstädten am höchsten, während sie im Süden und Osten, wo mehr russisch gesprochen wird, geringer ausgeprägt ist. Dieses Differenzierungsmerkmal ist vor allem generationsabhängig: Je jünger die Ukrainer sind, desto eher fühlen sie sich als Europäer. Von den über 60-Jährigen fühlen sich nur 27 Prozent als Europäer. Ukrainer, die nach der Unabhängigkeit von 1991 geboren sind, entscheiden sich mehrheitlich für Europa, während diejenigen, die den größten Teil ihres Lebens in der Sowjetunion verbracht haben, weniger empfänglich für Europa sind. Zwischen 2013 und 2017 stieg die Zahl der Ukrainer, die einen Beitritt ihres Landes zur Europäischen Union wünschen, von 42 auf 57 Prozent, während der Anteil derjenigen, die eine Integration in eine eurasische Wirtschaftsunion mit Russland wünschen, drastisch von 30 auf 8 Prozent zurückging. Die Meinungsumfrage berücksichtigt jedoch nicht die unter russischer Kontrolle stehenden Gebiete der Krim und des Donbass.

2013/14 stellt also eine Zäsur für die Ukrainer dar, die mit der Europäischen Union drei Hauptwerte verbinden: erstens »Wohlstand«, zweitens »das Gefühl, durch das Gesetz geschützt zu sein«, und drittens »die Wahrung demokratischer Werte und der Menschenrechte«. Seit der Maidan-Revolution hat Europa für viele Ukrainer einen fast metaphysischen Wert erlangt: Nicht Brüssel wird befürwortet, dessen Mechanismen und Institutionen am Ufer des Dnepr kaum bekannt sind, sondern ein Europa, das für die Mehrheit der Ukrainer einen Werte-Raum und die Stoßrichtung für Veränderungen darstellt. Pragmatisch stellen sie fest, dass ihr Lebensstandard nach 1991 ähnlich wie der ihrer polnischen Nachbarn war: sehr niedrig. In den letzten Jahren beobachteten sie den Wirtschaftsboom in Polen, das für sie zu einem Migrationsland, einem Partner und einem Wirtschaftsmodell wurde. Europa enttäuscht auch gelegentlich. In Brüssel stellt man sich die Ukraine im Rahmen einer »Nachbarschaftspolitik« vor, bei der Kiew außen vor bleibt. In Kiew ist man ungeduldig und möchte schon dazugehören, ohne sich immer der strukturellen Reformen bewusst zu sein, die die anderen mitteleuropäischen Länder durchführen mussten, um Mitglied der Familie zu werden.

Für Wolodymyr Selenskyj ist Europa nicht so selbstverständlich wie für die Maidan-Demonstranten im Winter 2014. Sein Bekenntnis zu Europa hat vor allem pragmatische Gründe. Dort, wo er geboren wurde, in der überwiegend russischsprachigen südöstlichen Hälfte der Ukraine, ist Europa keine Selbstverständlichkeit. Der versierte, wohlhabende Geschäftsmann Selenskyj blickte lange nach Russland, dessen Markt 2014 mit Ausbruch des Krieges versiegt ist. Mitte der 2010er-Jahre exportierte Kwartal 95 seine Programme und Serien in über 20 Länder, die der Karte der russischsprachigen Welt entsprechen: Belarus, Kasachstan, Aserbaidschan, die baltischen Staaten usw. Selenskyj hat auch eine Schwäche für die Türkei, wo Kwartal 95 jeden Sommer ein Comedy-Festival organisierte. Als Präsident ging er eine besondere politische, wirtschaftliche und strategische Beziehung mit dem türkischen Präsidenten Recep Tayyip Erdoğan ein. Für Wolodymyr Selenskyj, der durch die Verträge mit 1 + 1 zum Millionär wurde, ist Europa zunächst einmal sein 15-Zimmer-Anwesen in Forte dei Marmi, einem Ort in der Toskana, wo die russischen Oligarchen Roman Abramowitsch und

Oleg Deripaska seine Nachbarn sind, oder die Wohnungen in London, für die das Team von Kwartal 95 ein kleines Vermögen[22] bezahlte.

Für Selenskyj und alle, die ihm ähneln oder die ihn wählen werden, ist Europa vor allem ein geografischer Raum, in dem man arbeitet und seinen Lebensunterhalt verdient, wenn das Wohlergehen der Familie nicht durch Arbeit in der Ukraine gesichert werden kann. An sie wendet sich Selenskyj übrigens in seiner Kandidaturerklärung vom 31. Dezember 2018: Allein im Jahr 2019 erhielten ukrainische Staatsangehörige 660 000 Aufenthaltsgenehmigungen für Erwerbstätigkeit in allen Mitgliedstaaten. Sie sind damit die größte ausländische Erwerbsbevölkerung in der Europäischen Union. In seiner Anfangszeit wird sich der junge Präsident mit den Staatschefs der drei baltischen Staaten oder Polens übrigens sofort wohler fühlen als mit Gesprächspartnern wie Emmanuel Macron oder Angela Merkel. Zu Beginn seiner Amtszeit hat er noch keinen vollendeten, strukturierten und konzeptuell ausgearbeiteten Diskurs zu Europa, im Gegensatz zu seinem Vorgänger Petro Poroschenko, der gut englisch sprach und der seine Partei »Europäische Solidarität« nannte.

22 Im Oktober 2021 berichtet das Enthüllungsmedium Slidstvo.Info, das an einem Konsortium zur Untersuchung der »Pandora Papers« beteiligt ist, dass Wolodymyr Selenskyj und seine Partner von Kwartal 95 es versäumt haben sollen, den ukrainischen Steuerbehörden rund 40 Millionen US-Dollar aus audiovisuellen Verträgen mit dem Oligarchen Ihor Kolomojskyj zu melden, die in mehreren Offshore-Firmen angelegt wurden. Mit diesem Geld sollen mindestens drei Wohnungen in der Londoner Innenstadt gekauft worden sein, darunter eine im Wert von 3 Millionen US-Dollar in der Baker Street, in der Nähe des Sherlock-Holmes-Museums.

Ein wesentliches Merkmal des Politikers Selenskyj ist seine Flexibilität. Er ist wie ein Chamäleon, das die Wünsche seiner Mitbürger widerspiegelt, statt ihnen eine Richtung vorzugeben – das ist seine Stärke. »Für mich ist das Land das Volk: Wir sind verpflichtet, das Beste für die Ukraine zu tun, sonst müssen [die Ukrainer] anderswo in Europa leben«, erklärt er im März 2019 vor Journalisten aus aller Welt. »Europa ist unsere Sache, es ist nicht meine Sache, die Ukrainer haben ihre Wahl getroffen und sie mit ihrem Blut bezahlt, sie haben sich für die europäische Integration entschieden«, fügt er hinzu. »Ich kann ihnen nur helfen: Ja, ich möchte, dass die Ukraine der Europäischen Union und der NATO beitritt, das ist mein persönlicher Standpunkt. Aber unser Grundprinzip ist die Souveränität des Volkes, und es sollte ein Referendum geben, bei dem die Ukrainer entscheiden, welchen Organisationen sie beitreten wollen.« Der auf seine Weise populistische Selenskyj weiß, dass sich sein Volk nach Europa sehnt, und beugt sich daher diesem Willen recht bereitwillig.

Seine Antrittsrede am 20. Mai 2019 in der *Werchowna Rada* dreht sich um den Grundgedanken, dass »jeder von uns Präsident ist«. Wolodymyr Selenskyj stellt darin drei Prioritäten für seine Amtszeit in den Vordergrund: Europa, den Kampf gegen die Armut und den Frieden im Donbass. »Unser europäisches Land beginnt mit jedem von uns«, sagt er. »Wir haben uns für einen Weg nach Europa entschieden, aber

Europa ist nicht irgendwo da draußen. Europa ist hier, in unseren Köpfen, und nachdem es hier aufgetaucht ist, wird es überall sein, in der ganzen Ukraine. Es ist unser gemeinsamer Traum.« Einige Minuten später spricht er ein heikles Thema an, das die Mehrheit der 44 Millionen Ukrainer betrifft: »Wir werden ein Land mit anderen Möglichkeiten aufbauen, in dem jeder vor dem Gesetz gleich ist, in dem es faire und transparente Spielregeln gibt.«

Diese letzten Worte finden bei vielen Bürgern, die auf der anderen Seite des ehemaligen Eisernen Vorhangs geboren wurden, einen starken Nachhall. Genau dieser Wunsch nach Gerechtigkeit und Wohlstand hat die Ukraine nach Westen getrieben, weg vom russischen Modell. »Ein Hauptthema im Hintergrund der Maidan-Proteste, die Ende 2013 begannen, war das Problem der Korruption. Ein Teil der Bevölkerung befürchtete sicher eine Annäherung an Moskau, aber das Assoziierungsabkommen mit der Europäischen Union war auch eine Garantie für Rechtsstaatlichkeit und damit ein Instrument gegen Janukowitschs Geschäftemacherei«[23], analysiert die Soziologin Ioulia Shukan, Dozentin für slawische Studien an der Universität Paris-Nanterre, die seit 2014 überall in der Ukraine Feldforschung betreibt.

23 Régis Genté, *Les sociétés bougent dans l'ex-empire soviétique* (Die Gesellschaften im ehemaligen Ostblock sind im Wandel, A.d.Ü.), Le Figaro, 25. Januar 2022.

Das Assoziierungsabkommen, das sechs ehemaligen Sowjetrepubliken (Armenien, Aserbaidschan, Belarus, Georgien, Moldau und der Ukraine) angeboten wurde, führte aber zu Unklarheiten. Für einige EU-Mitgliedstaaten war es eine Alternative zum Beitritt, für andere ein Sprungbrett. In vielen europäischen Ländern waren die Öffentlichkeit und die Regierungskreise geteilter Meinung, was eine mögliche Erweiterung der Union auf neue osteuropäische Länder betraf. Die Hauptstädte betrachteten die Ukraine-Frage in erster Linie durch die Brille ihrer eigenen politischen Beziehungen oder wirtschaftlichen Abhängigkeit von Russland. Diese Spaltungen fielen bei der Unterstützung der Ukraine während der russischen Invasion im Februar 2022 sehr schwer ins Gewicht.

Wolodymyr Selenskyj lernt als ziemlich guter Schüler im Laufe der Monate, auf seinen Reisen und bei offiziellen Treffen, mit den unzähligen Nuancen des europäischen Spektrums umzugehen. Doch der Standpunkt eines Landes, und nicht des unwichtigsten, liegt ihm schwer auf dem Magen und dämpft seinen europäischen Eifer. Dieses Land ist Deutschland. Berlin ist ein Schwergewicht der europäischen Wirtschaft und der zweitwichtigste Exportpartner der Ukraine, aber Deutschland kauft auch die Hälfte des russischen Gases, das 2021 nach Europa fließt. Deutschland ist ein Konzentrat aller europäischen Widersprüche im Ukraine-Konflikt. Nach der Katastrophe von

Fukushima trifft Bundeskanzlerin Angela Merkel 2011 die historische Entscheidung, auf die zivile Nutzung der Kernenergie zu verzichten. Seitdem kauft Berlin immer mehr Gas vom russischen Giganten Gazprom, um seine leistungsstarke Industrie zu versorgen. Die deutschen Politiker unterstützen in dieser Zeit nachdrücklich das Projekt Nord Stream 2, eine 1 230 Kilometer lange Gaspipeline, die durch die Ostsee verläuft. Dank einer Kapazität von 55 Milliarden Kubikmetern pro Jahr soll auf diesem Weg doppelt so viel russisches Gas nach Deutschland exportiert werden. Der ehemalige Bundeskanzler Gerhard Schröder, ein Freund Wladimir Putins, wird Präsident des Verwaltungsrats der Nord Stream 2 AG.

Die Gaspipeline ist eine geopolitische Priorität von Wladimir Putin: Sie verschafft Russland immense tägliche Einnahmen, sichert eine energiepolitische Dominanz über die größte europäische Volkswirtschaft und schwächt die Ukraine, weil sie den Transit von russischem Gas durch ihr Staatsgebiet stoppt und Kiew so um eine Einnahmequelle von 1,5 Milliarden US-Dollar pro Jahr bringt. In den letzten drei Jahren hat die Fertigstellung von Nord Stream 2 eine erhebliche Belastung für die Beziehungen zwischen der Ukraine und Deutschland und darüber hinaus für die Europäische Union dargestellt.

Für Wolodymyr Selenskyj und die ukrainische politische Klasse ist Nord Stream 2 eine »gefährliche geopolitische Waffe des Kremls«. Das erklärt er Angela Merkel während ihres Besuchs in Kiew am 22. August 2021, als Gazprom und die deutschen und europäischen Partner (einschließlich des französischen Unternehmens Engie) die Fertigstellung der Pipeline vorbereiten. Die Kanzlerin versucht, ihren Gastgeber zu besänftigen, sie erwähnt einen neuen russischen Vertrag mit Kiew und verspricht der Ukraine eine Milliarde Euro an Unterstützung für den Übergang zu erneuerbaren Energien. Doch der Idealist Selenskyj will die bittere Pille nicht schlucken, er wird erneut mit der Realpolitik[24] konfrontiert.

Kiews Beziehung zu Deutschland ist schwer angeschlagen, zumal Berlin im Jahr 2021 alles darangesetzt hat, Waffenlieferungen aus Drittländern an die Ukraine zu bremsen, wohingegen Kiew sein Arsenal an Artilleriegeschützen, Panzerabwehrraketen und Anti-Sniper-Systemen aufstocken möchte. Wladimir Putins Kriegserklärung vom 24. Februar und die Invasion eines Teils des Landes scheinen Wolodymyr Selenskyj Recht zu geben: Viele in Europa erkennen nun mit Schrecken, dass der Kreml die Gasversorgung auch außerhalb der Ukraine als Kriegswaffe einsetzen wird, wie der künstlich aufgeblähte Gaspreis im Herbst 2021 bereits gezeigt hat. Kurz vor Kriegsbeginn, als Moskau die Unabhängigkeit der beiden selbsternannten Volksrepubliken Donezk und Luhansk anerkennt, setzt der neue Bundeskanzler Olaf

24 Der Begriff »Realpolitik« ist auch im Origininal deutsch (A.d.Ü.).

Scholz den Zertifizierungsprozess für das Nord-Stream-2-Projekt aus. Etwa zehn Tage später meldet die Nord Stream 2 AG Insolvenz an. Sehr viel Aufwand und kein Ertrag.

Deutschland ist zutiefst schockiert über den Ukraine-Konflikt und leitet zögerlich seine geopolitische Neuausrichtung ein: Berlin kündigt erste Waffenlieferungen nach Kiew an, die der russischen Invasion entgegenwirken sollen. Aber Selenskyj, der sich als mutiger Befehlshaber entpuppt, trägt nun keine Samthandschuhe mehr, um der deutschen Führungsriege seine Meinung zu sagen. Er wirft ihr sinngemäß vor, ständig vor Moskau zu kuschen. Anfang April begibt er sich in die Stadt Butscha im Nordosten des Großraums von Kiew, die vor dem Konflikt rund 36 000 Einwohner zählte und fast einen Monat lang besetzt war. Die russische Armee ist gerade erst abgezogen, sie hinterlässt unvorstellbare Zerstörungen und hat Kriegsverbrechen, Folter und Massenhinrichtungen an mehr als 400 Zivilisten begangen. Sichtlich müde, zutiefst erschüttert über die Verwüstung und das Ausmaß der Gräueltaten, deren weltweite Bekanntmachung möglicherweise einen Wendepunkt in diesem Krieg darstellt, macht er seinem Herzen Luft. Vor den Medien lädt er Angela Merkel und Nicolas Sarkozy kühl ein, persönlich nach Butscha zu kommen, um dort ihre Verantwortung für die ukrainische Tragödie zur Kenntnis zu nehmen. Er spielt auf das Veto an, das Deutschland und Frankreich 2008 gegen die Aufnahme der Ukraine und Georgiens in die NATO eingelegt hatten, weil »die absurde Angst einiger Spitzenpolitiker vor Moskau« sie glauben ließ, »dass sie Russland besänftigen könnten, wenn sie die Ukraine ablehnen«.

Im Frühjahr 2022 ist Wolodymyr Selenskyj europäischer gesinnt als je zuvor, aber er ist ein Vernunfteuropäer. In den ersten beiden Jahren seiner Amtszeit lag die Zustimmung der Ukrainer für den Beitritt zur Union bei 60 Prozent. Seit dem 24. Februar hat sich das Blatt gewendet: Nach einer Umfrage des Rating-Instituts, die am 5. April veröffentlicht wurde, befürworten 91 Prozent der Ukrainer den Beitritt ihres Landes. Am 31. März unterzeichnet ihr Präsident einen offiziellen Antrag auf Beitritt zur Europäischen Union. »Seht her, wir sterben für die europäischen Ideale!«, hatte er einen Monat zuvor zu CNN gesagt. Am selben Tag wendet er sich per Video an die Abgeordneten des Europäischen Parlaments: »Wir haben unsere Stärke bewiesen. Wir haben bewiesen, dass wir mindestens die gleichen [Personen] sind wie Sie. Beweisen Sie also, dass Sie auf unserer Seite stehen. Beweisen Sie, dass Sie uns nicht im Stich lassen werden. Beweisen Sie, dass Sie wirklich Europäer sind.«

Im April verlassen die russischen Streitkräfte das Gebiet um Kiew, aber in anderen Teilen der Ukraine tobt der Krieg weiter. Mehrere europäische Regierungschefs reisen an, um ihren mutigen ukrainischen Amtskollegen zu unterstützen. Der britische Premierminister

Boris Johnson wird mit allen Ehren empfangen, obwohl er nicht mehr in der Union ist. Die drei baltischen Präsidenten und ihr polnischer Amtskollege sind mit dem Zug angereist und fallen Selenskyj in die Arme. Der deutsche Bundespräsident Frank-Walter Steinmeier sollte sie eigentlich begleiten, aber er wurde vom ukrainischen Präsidenten zur *Persona non grata* erklärt, weil er zu lange einen im Grunde genommen Moskau-freundlichen diplomatischen Kurs verfolgt hatte.

Am 9. April öffnet ausgerechnet eine Deutsche den Ukrainern endlich die Türen zur Union. Die Präsidentin der Europäischen Kommission, Ursula von der Leyen, reist nach Kiew. Nach einer Andacht am Massengrab von Butscha trifft sie sich mit Wolodymyr Selenskyj im Haus mit den Chimären, einem prächtigen Jugendstilgebäude, das in Kiew gegenüber dem Präsidialamt liegt. »Ich bin überzeugt, dass die Ukraine diesen Krieg gewinnen wird, dass die Demokratie diesen Krieg gewinnen wird«, sagt sie. »Russland sieht einem wirtschaftlichen, finanziellen und technologischen Zerfall entgegen, während die Ukraine einer europäischen Zukunft entgegengeht, so sehe ich das.« Ursula von der Leyen überreicht Wolodymyr Selenskyj daraufhin einen Fragebogen, der es ihm ermöglichen soll, dem Europäischen Rat noch vor dem Sommer den Vorschlag zu unterbreiten, der Ukraine den Kandidatenstatus für eine Mitgliedschaft in der Union zu gewähren. »Das Verfahren wird nicht mehrere Jahre dauern, wie es oft der Fall ist, sondern eher ein paar Wochen«, beruhigt ihn die deutsche Staatsfrau. »In einer Woche hast du unsere Antworten, Ursula!«, ruft ihr ein lächelnder Wolodymyr Selenskyj zu.

7

Ein Treffen mit der Geschichte

Eine Nation wächst zusammen

Wofür steht Wolodymyr Selenskyj? Zweifellos ist er seit dreißig Jahren das erste ukrainische Staatsoberhaupt, das die Idee einer modernen politischen Nation mit Worten und Taten verkörpert. Der junge Präsident ist kein Intellektueller, kein Denker, sondern ein pragmatischer Staatsmann mit einfachen Ideen. Zu einfachen Ideen, wie ihm manchmal vorgeworfen wird. Seine Ausstrahlung beruht auf seiner Fähigkeit, starke politische Botschaften zu formulieren. Diese Begabung, Reden zu halten, in denen sich jeder Ukrainer wiederfinden kann, ist seine Stärke, sie macht ihn zum Sprachrohr einer ukrainischen nationalen Identität, die seit 2014 einen tiefgreifenden Wandel erlebt.

Seit dreißig Jahren findet in diesem Land Geschichte statt, und sie wird durch die Erfahrung des Krieges enorm beschleunigt. Seit acht Jahren und erst recht seit dem 24. Februar 2022 beobachten wir die Entstehung des neuesten Nationalstaates in Europa, der in der Konfrontation mit seiner ehemaligen imperialen Schutzmacht eine Art Feuertaufe erlebt. Historiker erinnern oft daran, dass die Ukraine eine

»geopferte Nation« des 20. Jahrhunderts war. In Mittel- und Osteuropa entstanden nach dem Ersten Weltkrieg mehrere Staaten aus der Asche des österreichisch-ungarischen und des russischen Imperiums. Die Ukraine machte ihre erste Erfahrung als moderner Staat in Gestalt der Ukrainischen Volksrepublik (1917–1921). Doch die überlebte den russischen Bürgerkrieg nicht, und in den Friedensverträgen, mit denen die Karte Europas nach 1918 neu gezeichnet wurde, entschieden sich die Großmächte für die Wiedergeburt eines polnischen Staates und gegen die Schaffung einer unabhängigen Ukraine auf Gebieten, die von zwei Nationen beansprucht wurden. Anders als Polen, die Tschechoslowakei oder Rumänien konnte die Ukraine nicht auf den Zug in die Unabhängigkeit aufspringen.

Dazu kam es, fast versehentlich, erst 1991, nach sieben Jahrzehnten Sowjetherrschaft. Mitunter denken die Ukrainer, dass die damals erlangte Unabhängigkeit ein Danaergeschenk war, denn sie fiel ihnen in den Schoß, ohne dass sie dafür wirklich kämpfen mussten. Sie ergab sich einfach aus dem Kollaps eines Systems, dem die Luft ausgegangen war. Zwar gab es in der Ukraine Dissidenten, aber es fehlten Leute wie Lech Walesa oder Vàclav Havel, die das Volk verkörperten und ihm eine politische Form verliehen. In den Jahren nach dem Zusammenbruch der UdSSR blieb die Ukraine eine Nation mit unscharfen Konturen: ohne staatliche Tradition und ohne starke politische Eliten, gespalten durch religiöse und sprachliche Zugehörigkeiten, vom wilden postsowjetischen Kapitalismus gebeutelt und mit Ressourcen, die von Oligarchen geplündert wurden. In den ersten beiden Jahrzehnten war das Land auf der Suche nach sich selbst.

Könnte es sein, dass die Ukraine dabei ist, endlich sich selbst zu finden? Seit acht Jahren erlebt sie einen zügigen Prozess der politischen Transformation und Einigung, dieser Weg führt über die leidvolle Prüfung des Krieges. Niemand hat in den letzten dreißig Jahren so viel für die Stärkung der ukrainischen Nation getan wie Wladimir Putin! Der Kremlherr ist besessen davon, die Ukraine wieder in den Orbit Moskaus zurückzuholen, doch seine Pläne werden immer wieder vereitelt, sodass er sich gezwungen sah, seine letzte Karte zu spielen und einen zerstörerischen Krieg anzuzetteln.

Russland hat die Ukraine in den letzten acht Jahren systematisch als einen »gescheiterten Staat« dargestellt, der von einer »faschistischen Junta« regiert werde, als ein Land, das in Ukrainisch- und Russischsprachige gespalten sei und in dem der Zentralstaat einen »Völkermord« an der russischsprachigen Bevölkerung begehe. Das sind alles empörende Zuschreibungen ohne jeglichen Bezug zur Realität. Auch wenn es tatsächlich Spaltungen gab, werden diese allmählich überwunden. Mittlerweile betrachtet sich die Ukraine als einen einheitlichen, aber pluralistischen Staat mit einem alle einschließenden Konzept der Staatsbürgerschaft.

Während der »Orangen Revolution« 2004 haben die russischsprachigen Industriegebiete im Osten, insbesondere im Donbass, stark gegen die pro-westlichen Proteste in Kiew opponiert. Infolgedessen haben viele Analysten eine binäre Lesart der ukrainischen Gesellschaft entwickelt: auf der einen Seite die russischsprachigen und damit prorussischen Ostukrainer und auf der anderen Seite die ukrainischsprachigen und damit pro-westlichen Landsleute im Westen. Diese allzu simple Betrachtung des Landes übersieht einen dynamischen historischen Prozess: Jene Ukrainer, die ihre politische und soziale Erfahrung hauptsächlich in der UdSSR gemacht haben, werden älter, während die nächste Generation, die in einer unabhängigen Republik geboren wurde, nun herangewachsen ist und selbst die Verantwortung im Land übernimmt.

Die erneuten Proteste im Jahr 2014 auf dem Maidan lösten zwar Widerspruch in der Gesellschaft aus, führten aber nicht zu massiver Ablehnung. Die großen Ballungsgebiete Charkiw, Dnipro oder Odessa haben sich dem politischen Projekt des Maidan nicht widersetzt, sondern es stillschweigend gebilligt, was durch die Wahlen bestätigt wurde. In Donezk und Luhansk etablierte sich 2014 ein bewaffneter Separatismus, den Moskau gerne als den »Russischen Frühling« bezeichnete.

Von Russland[25] organisiert, unterstützt, finanziert und strukturiert, führte er zu einem mörderischen Krieg. Doch allzu oft wird übersehen, dass im April 2014 in Donezk mehr Menschen an öffentlichen Versammlungen für die Einheit der Ukraine teilnahmen als an separatistischen Aktionen.

Die pro-russische Haltung existiert im Donbass nach wie vor. Sie hat sozioökonomische Gründe wie den Niedergang der Schwerindustrie, die Schließung der Kohlebergwerke bis 2040 und die Sehnsucht nach einem sowjetischen Gesellschaftsmodell, das allen Bevölkerungsschichten Stabilität bot. Aber auch im Donbass gibt es Nuancen. »Der Donbass von 2022 ist nicht mehr derselbe wie der von 2014.« Nikita Pereverzev (22), der Leiter der Jugendbewegung Skhidniak in Kramatorsk, den wir Mitte Februar 2022 trafen, sagt: »Die Jugend hat jetzt verstanden, dass man die Dinge ändern muss. Die Annahme, dass die russischsprachigen Menschen im Donbass verteidigt werden müssen, ist völlig abwegig. Ich selbst spreche russisch in einer russischsprachigen Stadt, aber ich habe mich entschieden, ukrainisch zu sprechen, wo, wann und mit wem ich will. Das eigentliche Problem ist ein

25 Das belegt die Veröffentlichung von 2 300 E-Mails von Wladislaw Surkow, dem damaligen Ukraine-Berater des russischen Präsidenten, durch die ukrainische Hackergruppe CyberHunta im Oktober 2016. Wladimir Putins »grauer Kardinal« wird darin beim Aufbau einer »separatistischen« Bewegung im Osten der Ukraine ertappt (Koordination der Bewegung zwischen russischen Persönlichkeiten und Organisationen und politischen »Akteuren« im Donbass, Finanzierung von Destabilisierungsaktionen usw.). Nach Aussage des Kremls sind diese Dokumente gefälscht.

Generationenkonflikt. Ich streite mich ständig mit meinen Großeltern und den Eltern, die leben irgendwie noch in einer UdSSR, die es gar nicht mehr gibt, während die UdSSR für mich etwas total Negatives ist. So sieht der Separatismus im Donbass aus.«

»Ihr dachtet wohl, dass wir euch mit Blumen begrüßen würden«, sagt Wolodymyr Selenskyj in den Videos, die er seit Beginn des Konflikts postet, ironisch zu den Russen. Denn in diesem Bilderkrieg, der in den sozialen Netzwerken oder auf den Telegram-Kanälen ausgetragen wird, zeigten die russischen Kriegsberichterstatter kaum Szenen, in denen die Armee der Invasoren jubelnd begrüßt wurde. Der Philosoph und Essayist Wolodymyr Jermolenko fasst zusammen: »Beim Anblick der ausgebrannten Häuser russischsprachiger Einwohner von Charkiw, die von russischen Raketen beschossen wurden, wird einem klar, dass Moskau überhaupt keine Rücksicht auf die russischsprachige Bevölkerung nimmt.«

Anders als die Kreml-Führung offenbar glaubt, haben die Bildung separatistischer Einheiten, die von der internationalen Gemeinschaft nicht anerkannt werden, und das Schüren eines Krieges niedriger Intensität im Donbass nicht dazu beigetragen, die pro-russische Haltung im Osten der Ukraine weiterzuverbreiten. Diese Vorgehensweise führte überwiegend zu Ablehnung. Kurz vor dem Krieg nahmen 72 Prozent der Bevölkerung Russland als einen feindlich gesinnten Staat wahr, wobei es sicherlich regionale Unterschiede gab. Die Aggressionspolitik des Kremls verstärkt jedoch systematisch dieses Misstrauen gegenüber Russland und den Widerstandswillen in der Bevölkerung. Daher die verblüffenden und bewegenden Szenen, in denen die Einwohner von Cherson und Melitopol, die gerade von russischen Truppen erobert wurden, mit ukrainischen Flaggen auf die Straße gehen und den russischen Soldaten zurufen: »Domoi!« (Geht nach Hause!).

Welch krasser Widerspruch entsteht hier, zusammen mit diesen anderen erschütternden Szenen, die in den letzten acht Jahren und besonders in den letzten Wochen überall im Land beobachtet wurden. Von Ost bis West findet immer wieder eine Zeremonie statt, die mit dem Krieg entstanden ist. Jedes Mal, wenn ein Kind des Landes an der Front den Tod findet, begleiten Tausende den Leichenwagen bis zur letzten Ruhestätte. Tagsüber oder nachts drängen sich die Menschen an den Straßenrändern, wenn der Trauerzug vorbeifährt, und werfen weiße Blumen vor das Fahrzeug. Sie knien nieder, halten inne, beten, und jeder spricht dreimal laut: »*Heroyi ne vmyrayut*« (Helden sterben nicht).

Im Osten der Ukraine ist das Verhältnis zu den abtrünnigen Republiken Donezk und Luhansk ambivalent. Viele haben dort Familie, ehemalige Kollegen, Bekannte, die jenseits der Frontlinie geblieben sind. Es gibt regelmäßig Neuigkeiten; von einem Rentner, der vorbeikommt, um seine ukrainische Rente abzuholen, oder von jemandem, der zum Arzt muss. Die Menschen, die durch die Frontlinie voneinander getrennt sind, sprechen weiterhin miteinander. Zwar wird oft vermieden, über Politik zu sprechen, aber man hört von Kohlebergwerken, die auf der »separatistischen« Seite geschlossen werden, von monatelangen Lohnrückständen, schwindenden sozialen Einrichtungen und schlecht gefüllten Supermärkten, in denen die Preise explodiert sind.

Wenn Moskau separatistische Konflikte auslöst, wie in den frühen 1990er-Jahren in der Republik Moldau mit Transnistrien und in Georgien mit Abchasien und Südossetien, dann nicht um der Menschen willen. Der Kreml geht immer nach dem gleichen Muster vor: Er schafft durch Krieg eine separatistische Einheit, macht sie zu einer politischen Marionette und ermutigt dann das betreffende Land, sei es die Ukraine, Georgien oder die Moldau, angeblich um des lieben Friedens willen, seine Verfassung zu ändern und eine Föderation zu werden, in der die sezessionistischen Marionettenregime ein Vetorecht bei strategischen Entscheidungen haben.

In den letzten Jahren hat die Regierung in Kiew viel Geld investiert, um den allzu oft vernachlässigten Donbass zu unterstützen. Die Wirtschaft in der Ostukraine, die industriellen Produktionsketten und die Versorgung mit Kohle haben unter dem Konflikt im Donbass enorm gelitten. Seit seinem Amtsantritt hat Wolodymyr Selenskyj viel unternommen, um Geldgeber in die Region zu locken, indem er den Hafen von Mariupol zu einem Schaufenster der modernen Entwicklung machte, die er herbeiwünscht. Ende Oktober 2019 veranstaltete der Präsident am Asowschen Meer eine Konferenz mit dem Titel »Re: Think«. Die trendige Veranstaltung war das bisher größte internationale Forum für ausländische Investitionen in der Ukraine außerhalb von Kiew. Erklärtes Ziel war es, Mariupol zum »Investitionsmagneten« des Landes zu machen, das Land in einen »Tiger des Ostens« zu verwandeln und dem Donbass seinen rechtmäßigen Platz in dieser neuen Wirtschaft zurückzugeben.

Denn das Gebiet des Donbass ist für Selenskyj etwas Besonderes. Er hat dort eine der besten Ressourcen erschlossen – den Humor. 2004 nimmt das Stammteam von Kwartal 95 nach und nach junge Talente aus dem Luhansker *KVN*-Team »Va Bank« auf, darunter Evgeniy Kochevoy. Er wird zu einem Eckpfeiler der Programme von Kwartal 95 und zu einem ukrainischen Fernsehstar. »Der Glatzkopf«, wie er dort heißt, wird in der Serie *Sluha Narodu* den mit allen Wassern gewaschenen Außenminister Wassyl Holoborodkos spielen. Wolodymyr Selenskyj, der sowohl im Geschäft als auch in der Politik eher auf sein Bauchgefühl vertraut, nennt Kochevoy oft seinen besten Freund. Kwartal 95 gastiert auf seinen Tourneen gern in Donezk und den Städten der Region, wo die Darsteller mit ihrem russischsprachigen Volkshumor ins Schwarze treffen. Mit dem Ergebnis, dass der Schauspieler, als er sich politisch engagiert, im Donbass (auf der nicht von Russland besetzten Seite) sämtliche Erwartungen übertrifft. In der Stichwahl der Präsidentschaftswahlen 2019 stimmen 89 Prozent der Wähler in den Gebieten Donezk und Luhansk für ihn. Es ist sein bestes Wahlergebnis in der gesamten Ukraine, dabei galt der Donbass eigentlich als Hochburg der pro-russischen Oppositionspartei Für das Leben.

Die Erfahrung des Krieges

Als sie im Januar 2019 erfahren, dass Wolodymyr Selenskyj, der Gaukler von Kwartal 95, für das Präsidentenamt kandidieren will, lachen viele Soldaten gequält, vor allem jene, die im Donbass im Einsatz sind. »Was ich von der Kandidatur Selenskyjs halte? Wenn ich Zahnschmerzen habe und zum Zahnarzt gehe, möchte ich, dass er Zähne behandeln kann. Wenn ich mein Auto in die Werkstatt bringe, hoffe ich, dass der Automechaniker weiß, was ein Motor ist. Und wenn ich einen Präsidenten wähle, erwarte ich zumindest, dass er etwas über die Streitkräfte weiß, schließlich wird er mein Oberbefehlshaber sein«, erklärt uns ein Unteroffizier der 80. Luftlandebrigade von Lwiw in Schtschastja im Donbass. Es ist damals kein Geheimnis, dass die Armee Petro Poroschenko unterstützt, dem die Neuorganisation der ukrainischen Streitkräfte zu verdanken ist.

In ihren Sketchen erwähnen Selenskyj und seine Komparsen das Thema Krieg nur selten, als wäre es ein Tabu. Man kann über viele Dinge lachen, aber kann man über den Krieg lachen? Als 2014 der Konflikt ausbricht, reist Kwartal 95 nach Kramatorsk, um unter freiem Himmel vor den dort stationierten Soldaten aufzutreten. Die Lieder und Sketche, die auf Munitionskisten im Stehen zum Besten gegeben werden, treffen wie üblich ins Schwarze. Doch bei der patriotischen Randgruppe der Bevölkerung kommt Selenskyj schlecht an. Mitten im Wahlkampf 2019 glaubt Kwartal 95, hastig einen Dokumentarfilm produzieren zu müssen, der die Unterstützung von Selenskyj und seinen Freunden für die Streitkräfte lobt, weil sie den Kauf von Jeeps für die Soldaten finanziert haben. Der Film soll das leicht gefakte Image eines Selenskyj vermitteln, der enge Beziehungen zu den Verteidigern im Donbass hat.

Schon bald fokussiert der Kandidat seinen Wahlkampf auf die Wiederherstellung des Friedens, eine der Hauptforderungen vor allem der Ostukrainer, die nach acht Jahren Krieg zermürbt sind. Aber auf die Frage von Journalisten, wie er Frieden schaffen wolle, reagiert Selenskyj eher wortkarg. Er druckst herum. Er hat wenig Ahnung vom Militär und beschränkt sich auf die Aussage, dass er zu Verhandlungen und Gesprächen mit Putin bereit sei, wenn es sein müsse. Tatsache ist, dass er eine tiefgehende Abneigung gegen jegliche Form von Brutalität hat.

»Schon bei meinem ersten Treffen mit Selenskyj fiel mir seine Aversion gegen Gewalt und Krieg auf. Bei ihm zeigte sich das sogar in einem ambivalenten Verhältnis zur Maidan-Revolution. Wann immer er darüber spricht, setzt er sie mit Blutvergießen, mit etwas Negativem gleich«, sagt eine Quelle aus dem Politikbetrieb, die ihn 2019 kennengelernt hat.

Im April 2019 wird Selenskyj, der Pazifist, mit dem quasi imperativen Mandat gewählt, dem Krieg ein Ende zu setzen, koste es, was es wolle. Trotz Wolodymyr Selenskyjs Bereitschaft zu verhandeln und erhebliche Zugeständnisse zu machen, die er aufgrund seiner politischen Legitimität hätte durchsetzen können, herrscht jetzt Krieg. Und zwar ein totaler Krieg, den der Kreml gegen ihn führt, und der vielleicht durch die mysteriösen Buchstaben V, O und Z symbolisiert wird, mit denen die Militärfahrzeuge beim Einmarsch der Russen bemalt waren, was »Volodymyr Oleksandrovitch Zelensky« bedeuten könnte. Aber das ist nur eine Vermutung.

Zweifellos kam es dazu, weil Wolodymyr Selenskyj sich nicht berechtigt fühlte, den Traum von Europa aufzugeben, den die Mehrheit seiner 44 Millionen Landsleute hegt. Als er an die Macht kommt, zeigen Meinungsumfragen, dass für 53 Prozent seiner Landsleute »die Ukraine auf lange Sicht der Europäischen Union beitreten sollte«, wohingegen 13 Prozent einen Beitritt zur Eurasischen Wirtschaftsunion mit Russland, Belarus und Kasachstan befürworten. 24 Prozent der Befragten sind der Ansicht, dass die Ukraine weder der einen noch der anderen Union beitreten sollte. »Zu Beginn der Annexion der Krim, danach und vor allem nach der militärischen Aggression im Donbass nahm die außenpolitische Hinwendung zu Russland deutlich ab«, stellen die Meinungsforscher fest. Sie weisen auch auf regionale Unterschiede hin, denn die Befürworter eines EU-Beitritts sind im Osten des Landes weniger zahlreich, aber fast gleichauf mit denen, die eine Annäherung an Russland wünschen (34 Prozent für die EU, 27 Prozent für die von Wladimir Putin geförderte Eurasische Wirtschaftsunion, 30 Prozent weder für das eine noch das andere). Weitere Umfragen ergeben eine starke Befürwortung (circa 70 Prozent) der von Europa vertretenen Werte: Menschenrechte, wirtschaftlicher Wohlstand, Rechtsstaatlichkeit, individuelle Freiheiten …

Allerdings erfassen manche Personen in Selenskyjs Umfeld schon früh die Gefahren der Situation. Kurz vor der Wahl unterstützt ein beliebter Blogger namens Oleksij Arestowitsch, der auch für seine Sondereinsätze in den ukrainischen Streitkräften bekannt wurde, den Kandidaten Selenskyj. Im Februar 2019 gibt er dem kleinen ukrainischen Fernsehsender Apostroph ein Interview, in dem er eine ebenso scharfsichtige wie düstere Prophezeiung äußert. Auf die Frage nach den Aussichten einer Annäherung der Ukraine an den Westen und insbesondere an die NATO antwortet Arestowitsch: »Dies wird wahrscheinlich dazu führen, dass Russland massiv militärisch gegen die Ukraine vorgeht« und argumentiert weiter: »[Die Russen] müssen uns angreifen, bevor wir der NATO beitreten, damit wir für die NATO uninteressant werden [...]. Die Wahrscheinlichkeit, dass unser Beitritt zur NATO einen großen Krieg mit Russland bedeutet, liegt bei 99,99 Prozent. Aber wenn wir auf die NATO verzichten, wird das innerhalb von zehn oder zwölf Jahren eine Übernahme unseres Landes [durch Moskau] zur Folge haben. Wir stehen am Scheideweg. Natürlich wird es einen großen Krieg mit Russland geben, und wir könnten dann aufgrund unseres Siegs der NATO beitreten. Lasst uns jetzt Selenskyj wählen!« Auf die Frage der Moderatorin, was ein Krieg mit Russland bedeute, spekuliert Arestowitsch über »eine Luftoffensive, einen Angriff der an unseren Grenzen stationierten russischen Armee, die Belagerung von Kiew, einen Versuch, die ukrainische Armee um Donezk herum einzukreisen, Angriffe aus Belarus, die Ausrufung neuer Volksrepubliken ... Und die Wahrscheinlichkeit für das Ganze liegt bei 99 Prozent.« Wann wird dies der Fall sein? »Der kritischste Zeitraum liegt zwischen 2020 und 2022.«

Im Februar 2022 erlangt Oleksij Arestowitsch bereits in den ersten Tagen des Krieges nationale Berühmtheit, als er in den Medien als militärischer Berater des Präsidenten auftritt. Seine täglichen Lagebesprechungen per Video werden ebenso aufmerksam verfolgt wie die des Präsidenten. Die ukrainische Armee hat der russischen Invasion auf Anhieb einen unglaublichen Widerstand entgegengesetzt, sodass Putin sein vermutlich wichtigstes Ziel, die Eroberung Kiews, aufgeben muss. Eine 70 Kilometer lange, auf die ukrainische Hauptstadt zusteuernde Kolonne wird dezimiert. Die russischen Truppen, die aus dem benachbarten Belarus anrücken, müssen umkehren, nachdem sie auf ihrem Weg überall Tod und Verderben gesät haben. Trotzdem steht im Frühjahr eine ungewisse Schlacht im Donbass bevor.

Könnte die Ukraine aus dieser schweren Prüfung als Sieger hervorgehen? Dazu müsste der Westen noch mehr Waffen liefern, und zwar solche, die es der Ukraine ermöglichen, Gegenoffensiven zu starten. Mitte April 2022, nach etwa 50 Kriegstagen, sagte Wolodymyr Selenskyj den Journalisten Anne Applebaum und Jeffrey Goldberg, dass die Russen, wenn sie nicht aus den östlichen Gebieten des Landes vertrieben werden, »ins Zentrum der Ukraine und sogar nach Kiew zurückkommen können. Das ist möglich. Der Moment des Siegs ist noch nicht da.« Sein Land kann nur gewinnen, wenn seine Verbündeten in Washington und Europa es schnell und massiv mit Waffen beliefern. »Wir haben ein sehr kleines Zeitfenster.«

Unterdessen stagnieren die Verhandlungen mit den Russen. Auch auf diesem Gebiet fährt Selenskyj schweres Geschütz auf. Er nutzt seine politische Legitimität und die Unterstützung, die er in diesen historischen Tagen genießt, und zieht die Karte des Referendums aus der Tasche. Ohne eine Volksabstimmung kann weder ein Stück Staatsgebiet wie die Krim oder der Donbass abgetreten noch die Verfassung geändert werden, um die von Moskau geforderten Sicherheitsgarantien, insbesondere durch einen möglichen »neutralen« Status, zu gewährleisten. »Wir brauchen ein Referendum, weil nur das Volk die Entscheidung treffen kann, diesen Status und diese Garantien anzunehmen«, erklärt Präsident Selenskyj am 27. März 2022 den fünf russischen Journalisten, die ihn auf Zoom interviewen.

Das Referendum zählt zu den Waffen, die Putin am meisten fürchtet, es sei denn, er organisiert eins unter dem Druck von Panzern, wie auf der Krim am 16. März 2014. Er sagte dies dem französischen Präsidenten Emmanuel Macron indirekt, nachdem er am 8. Februar 2022 im Kreml ein fünfstündiges Gespräch unter vier Augen mit ihm geführt hatte. Als Wladimir Putin auf der gemeinsamen Pressekonferenz auf die Weigerung von Wolodymyr Selenskyj verwies, das Minsk-II-Abkommen umzusetzen, das sieben Jahre zuvor unter Drohungen unterzeichnet worden war, sagte er mit Blick auf die Ukraine: »Ob's dir gefällt oder nicht, du wirst es dulden müssen, meine Schöne!« Er zitierte dabei die Strophe eines Liedes einer populären russischen Rockband, in der es um eine Vergewaltigung geht.

Jeder ist ein Held

Nach zwei Monaten des Konflikts ist die Beliebtheit von Präsident Wolodymyr Selenskyj auf dem Höhepunkt, und er hat, zumindest für die Dauer des Krieges, die überwiegende Mehrheit der Gesellschaft für sich gewonnen. Für viele Beobachter des ukrainischen Politikbetriebs ist das eine kleine Überraschung, denn niemand hatte erwartet, dass der Mann in dieser Rolle so sehr kämpfen würde. Die Befürchtung, dass er im Falle eines Krieges eine Verweigerungshaltung einnehmen könnte, bestand tatsächlich, praktisch bis zum Morgen des 24. Februar.

»Selenskyj kam als Friedenspräsident an die Macht. Aus humanistischen Erwägungen steht er der Idee eines Krieges ablehnend gegenüber, er will überhaupt keinen Krieg. Er will Straßen bauen, große Projekte umsetzen, aber keinen Krieg«, meint Kristina Berdynskykh, eine Journalistin des Politikressorts der Wochenzeitung *Nowoe Wremya*. »Deshalb haben viele Menschen lange geglaubt, dass der neue Präsident eine schwache militärische Führungspersönlichkeit sei, obwohl er oft die Frontlinie im Donbass aufsuchte.« Nach Ansicht der Journalistin hat Selenskyj nun eine neue Dimension erreicht. »Bei Ausbruch des Krieges stellte sich heraus, dass er durchaus mutig und entschlossen ist. Er ließ sich nicht wirklich verunsichern und er hat Kiew nicht verlassen. Ich glaube, dass es für die Russen auch deshalb nicht läuft, weil Selenskyj geblieben ist, anstatt Kiew zu verlassen. Das Militär hat das

Gefühl, dass der Oberbefehlshaber keine Schwäche gezeigt hat, und das Volk spürt das auch.«

Die Aura des Präsidenten ist auch dank seiner täglichen zehnminütigen Videoauftritte gewachsen, die in seinem *War Room* (Kriegskabinett), in seinem Büro oder auf der Straße, meist nachts, gefilmt werden. Reden auf Augenhöhe: Er berichtet immer wieder von Einzelschicksalen, von Frauen und Kindern. Er bringt sehr genau zum Ausdruck, was die Menschen empfinden. Außerdem zeigen seine Äußerungen, dass er keine Angst vor den Russen hat. Jeden Abend fasst er in seinem mittlerweile ikonischen Khaki-T-Shirt den Tag zusammen, erklärt, wie es an der militärischen oder diplomatischen Front aussieht, und macht dem Land mit seiner Bassstimme neuen Mut. In diesen Videos sind seine letzten Worte in der Regel den Helden des Tages gewidmet, denen er per Dekret den ganz offiziellen Titel »Held der Ukraine« verleiht. So gibt er am 15. April 2022 bekannt, dass er 237 Soldaten, davon 34 posthum, ausgezeichnet und dem »Oberst Dmytro Waleriowitsch Kaschtschenko« den Titel »Held der Ukraine« verliehen habe »für das Beispiel des Heldentums, das seine Kameraden inspiriert, für sehr wirkungsvolle und konkrete Kampfhandlungen und sehr wichtige Ergebnisse bei der Haltung unserer Stellungen und der Vertreibung der Invasoren«.

Nichts in seinem Tonfall, seinem festen Blick und der Modulation seiner Stimme deutet darauf hin, dass er sich einen Teil dieses Ruhms aneignen möchte. Helden sind für Wolodymyr Selenskyj ganz eindeutig diejenigen, die ihr Leben in den Ruinen von Mariupol, in den Vororten von Charkiw und Mykolajiw, in Irpin oder Butscha riskieren. Wie Witalij Schakun, ein junger ukrainischer Soldat, der sich am ersten Kriegstag absichtlich auf einer Brücke in der Oblast Cherson in die Luft sprengte, um den Vormarsch der russischen Panzer zu verzögern. Ohne jede Spur von Selbstdarstellung, wahrscheinlich weil er vom Mut so vieler kämpfender Ukrainer überwältigt ist, scheint der Staatschef als »Diener des Volkes« seinen berühmten Slogan umzusetzen: »Jeder von uns ist Präsident.« In seinen abendlichen Videos will er im Grunde auch sagen: »Jeder von uns ist ein Held.«

Als in den dramatischen Wochen des Jahres 2022 die Existenz der Ukraine bedroht ist, findet ein ganzes Volk zu seinen Partisanenreflexen zurück. Denn aus dem Narrativ des Widerstands und der Verteidigung einer nationalen Identität entstand der Schlachtruf »Slawa Ukraini! Heroiam slawa!« (Ruhm der Ukraine! Ruhm den Helden!). Dieser Gruß kam 1918 auf, als die Kämpfer der Ukrainischen Volksrepublik in den russischen Bürgerkrieg verwickelt waren. Heute wird dieser Brauch in öffentlichen Reden und in Momenten gemeinsamer Verbundenheit gepflegt, wie etwa bei Trauerfeiern von Gefallenen. In diesem »Ruhm der Ukraine! Ruhm den Helden!«, das man überall im Land hört, steckt eine ganze Vorstellungswelt, eine Mythologie. Die Helden sind jedoch nicht mehr nur bekannte historische Figuren oder Persönlichkeiten aus längst vergangenen Zeiten: Es kann auch ein Postbote, eine Krankenschwester, ein Student, ein Opernsänger oder der Nachbar sein, die sich eines Tages an der Front im Donbass ausgezeichnet haben.

Die heroische Dimension Wolodymyr Selenskyjs wird allerdings viel stärker vom westlichen Publikum wahrgenommen, das nicht gewohnt ist, dass ein demokratisch gewähltes Staatsoberhaupt Entscheidungen treffen muss, die über Leben und Tod seiner Mitbürger bestimmen. Dass europäische Politiker nun nach Kiew strömen, ist symptomatisch, wahrscheinlich weil der persönliche Mut Selenskyjs eine Gewissensfrage für die Europäer ist, die das Gespenst des Krieges auf den Kontinent zurückkehren sehen und überlegen, wie sie sich in einer solchen Situation verhalten würden.

In der angelsächsischen Presse werden Vergleiche mit Winston Churchill gezogen. In seinem Videovortrag vor dem britischen Unterhaus greift Wolodymyr Selenskyj diesen Gedanken übrigens auf und paraphrasiert die weltbekannte Rede des legendären britischen Premiers aus dem Jahr 1940: »Wir werden kämpfen bis zum Ende, auf den Meeren, in der Luft. Wir werden den Kampf um unser Land fortsetzen, was immer es uns auch kosten möge. Wir werden in den Wäldern, auf den Feldern, an den Ufern und in den Straßen kämpfen.« Als ein englischer Korrespondent nachdrücklich auf einer nicht ganz überzeugenden Analogie besteht, antwortet Selenskyj mit einer Pirouette: »Churchill hat mehr getrunken als ich!«

Paradoxerweise sind die Ukrainer etwas vorsichtiger bei der Einschätzung des heroischen Charakters ihres Präsidenten. »Ich denke, dass Selenskyj viele Menschen überzeugt hat, die Leute hatten nicht damit gerechnet, dass er einen solchen Mut aufbringen würde. Alle seine Kritiker sind verstummt. Das soll nicht heißen, dass sie ihn über Nacht in ihr Herz geschlossen haben, aber jeder erkennt, dass es jetzt darum geht, Russland die Stirn zu bieten und den Krieg gegen Putin zu gewinnen, und nicht darum, sich von inneren Zwistigkeiten ablenken zu lassen«, meint die Journalistin Kristina Berdynskykh, die sich keine Illusionen über den weiteren Verlauf macht.

»Ich bin sicher, dass nach dem Sieg der Ukraine die Kritik [an Selenskyj] wieder aufflammt! Denn in der Not sind die Ukrainer schnell bereit zusammenzuhalten, aber in Friedenszeiten sind sie auch schnell bereit sich zu streiten«, schmunzelt sie. Sie weist darauf hin, dass die Ukrainer schon jetzt nicht zögern, Kritik an ihrem Staatsoberhaupt und den Behörden zu äußern, speziell wenn es um die laufenden Verhandlungen mit der Russischen Föderation über eine mögliche

Neutralität des Landes als Grundvoraussetzung für den Abzug der russischen Truppen geht. »Aber offen gestanden ist diese Kritik sehr leise! Ich persönlich bin der Meinung, dass Selenskyj in drei Wochen Krieg als Politiker mehr erreicht hat als in den fast drei Jahren, die er an der Macht ist. Sollte die Ukraine den Krieg gewinnen und kein schlechtes Abkommen mit Russland unterzeichnen, ist ihm eine zweite Amtszeit so gut wie sicher.«

Vielleicht ist Wolodymyr Selenskyj nur ein ganz normaler Held, wie es so viele gibt, schließlich positionierte er sich selbst als »Diener des Volkes«. 2022 sind die wahren Helden die Ukrainer, sowohl individuell als auch im Kollektiv. »Die Ukrainer zeigen der Welt, dass demokratische Werte nicht nur vertretbar sind, sondern heldenhaft verteidigt werden können, und zwar entgegen der von Dekadenz und Frustration geprägten Grundstimmung, die seit einigen Jahrzehnten in der übrigen demokratischen Welt vorherrscht«, meint der Philosoph und Essayist Wolodymyr Jermolenko, der die Veränderungen der Gegenwart in seinem Land aufmerksam kommentiert. »Die Ukraine ist nun unglaublich vereint: Manche vergleichen dies mit der Maidan-Revolution, aber es ist mehr als der Maidan. Die Ukraine ist heute viel inklusiver, das spürt man in der Armee, in den Freiwilligenzentren, an den Checkpoints und auf den Straßen, wo die ganze Nation gewissermaßen zum Kokon einer großen Freundschaft geworden ist. Die Ursachen dieser

Einigkeit sind zwar tragisch, aber sie ist deshalb nicht minder ein Wunder.«

Ein Wunder, so wie die Versöhnung zwischen Wolodymyr Selenskyj und einem seiner schlimmsten Gegner. Mykhailo Tkach, einer der besten ukrainischen Investigativjournalisten, der für das unabhängige Medium *Ukrainska Prawda* arbeitet, verbrachte in den letzten drei Jahren Tag und Nacht wie ein Mönchssoldat damit, Nachforschungen über die Geschäfte, Skandale und Verfehlungen von Selenskyj und seiner Umgebung anzustellen. Er lässt nichts aus: die Residenzen der Präsidentenfamilie, die Verbindungen der Kwartal-95-Bande mit Oligarchen, die kleinen Privilegien der Macht, die Skandale der Abgeordneten der Partei Diener des Volkes ... Mykhailo Tkach ist Wolodymyr Selenskyj ein Dorn im Auge, und der zahlt es ihm heim. Im letzten Herbst, bei der letzten öffentlichen Pressekonferenz des Präsidenten vor dem Krieg, haben sich die beiden Männer vor laufender Kamera eine halbe Stunde lang gegenseitig beleidigt!

Doch am 2. März 2022, als der Krieg noch keine Woche dauert, rafft sich Mykhailo Tkach auf seiner Facebook-Seite zu einem Beitrag auf: »Früher sagte man ›wie Churchill‹ oder ›wir brauchen unseren Vàclav Havel‹ oder ›wo ist unser Mandela‹. Die Jahre werden vergehen und es spielt keine Rolle, ob dieser Krieg mit einem Sieg der Ukraine oder einer Niederlage Russlands endet, aber mir scheint, dass die Menschen in verschiedenen Ländern überall auf der Welt in schlimmen Zeiten sagen werden: ›unser Selenskyj‹ oder ›wir brauchen unseren Selenskyj‹ oder ›wo ist unser Selenskyj‹.«

Dank

Dieses Buch entstand während des Krieges, der seit dem 24. Februar 2022 in der Ukraine tobt, stützt sich aber auch auf jahrelange Berichterstattung und Analyse des politischen Lebens in der Ukraine und den Ländern der ehemaligen Sowjetunion.

Wir möchten mehreren Fachleuten, Forschern, Journalistenkollegen und -kolleginnen danken, die mit ihren Studien, ihrem Fachwissen über die Ukraine und dem gegenseitigen Austausch unser Wissen bereichert haben. Dies gilt insbesondere für Dominique Arel, Kristina Berdynskykh, Anna Colin Lebedev, Alexandra Goujon, Gulliver Cragg, Elena Loginova, Mykhailo Minakov, Ioulia Shukan, Noah Sneider, Mykhailo Tkach, Wolodymyr Jermolenko …

Bedanken möchten wir uns auch bei unsern ukrainischen und europäischen, teils anonymen, teils nicht anonymen Quellen, die sich seit Dezember 2018 bereit erklärt haben, mit uns über den Kandidaten und späteren Präsidenten Wolodymyr Selenskyj zu sprechen und mit uns zu diskutieren. Dazu gehören die Mitglieder von Kwartal 95 und einige Weggefährten des ukrainischen Staatschefs, die uns einen Einblick in seine einzigartige Welt gewährt haben.

Ein großes Dankeschön geht an die Journalistin Alla Lazareva, die mit ihren dokumentarischen Recherchen und der Überprüfung von Informationen einen großen Beitrag zu diesem Buch geleistet hat.

Wir möchten uns auch bei den Teams und Redaktionen bedanken, die uns diese Grundlagenarbeit zum Selenskyj-Phänomen ermöglicht haben: Radio France Internationale, *Libération*, *Le Temps*, *Le Figaro*, *Le Soir*, *Paris Match*.

Ein Augenzwinkern an unsere befreundeten Fotografen, die uns auf den Spuren von Selenskyj begleitet haben: Guillaume Herbaut, Brendan Hoffman und Rafael Yaghobzadeh.

Wir danken dem Team von Robert Laffont für sein Vertrauen und seine Professionalität.